미륵경전

불교경전 ㉑

미륵경전
(彌勒經典)

미래불의 하생 ● 李鍾益 · 無觀 譯

민족사

일러두기

1. 민족사판 《미륵경전》에는 《미륵상생경(彌勒上生經)》과 《미륵하생경(彌勒下生經)》·《미륵대성불경(彌勒大成佛經)》·《미륵래시경(彌勒來時經)》·《미륵하생성불경(彌勒下生成佛經)》 이상 5종의 경전을 수록하였다.
2. 《미륵대성불경》은 이종익(李鍾益) 박사의 번역을 그대로 수록하였고(《미륵성전》 所收), 나머지 4경은 한글장경을 참조하여 역자(無觀)가 번역하였다.
3. 각 경전에 나타난 인명, 지명 등은 각 경전의 저본이 모두 다른 관계로 통일하지 않고 그대로 두었다.

미륵경전
차 례

미륵상생경 9
(彌勒上生經)

미륵하생경 27
(彌勒下生經)

미륵대성불경 45
(彌勒大成佛經)

미륵하생성불경 93
(彌勒下生成佛經)

미륵래시경 109
(彌勒來時經)

역주 117
해설 131

미륵상생경
(彌勒上生經)

미륵상생경
(彌勒上生經)

이와 같이 내가 들었다.

어느 때 부처님께서 사위국(舍衛國)[1] 기수급고독원(祇樹給孤獨園)[2]에 계시었다.

그때 부처님께서는 초저녁에 온몸으로부터 금빛 광명을 내시어 제타숲〔祇樹〕을 일곱 겹으로 두르고 수달다 장자(須達長子)[3]의 집을 비추었다. 그리고 그 금빛 광명은 마치 뭉텅구름처럼 사위성을 둘러싸고 곳곳마다 금빛 연꽃을 퍼부었다. 그 광명 가운데에는 한량없는 백천의 화신불(化身佛)[4]이 계셔서 모두 한결같이 이렇게 말씀하셨다.

"이제 이 가운데 일천 명의 보살이 있으니 최초에 성불한 이는 구류손(拘留孫) 부처님이고 최후에 성불할 이는 누지(樓至) 부처님이니라."

이렇게 말씀하시자 존자 아야교진여(阿若憍陳如)[5]가 선정에서 일어나 제자 이백오십 인과 함께 부처님 광명을 보고 모였으며, 존자 마하가섭(摩訶迦葉)도 그의 제자 이백오십 인과 함께 모였으며, 존자 대목건련(大目犍連)과 존자 사리불(舍利弗)과 마하파사파제(摩訶波闍波提) 비구니도 그의 제자 일천 비구니와 함께 모였다. 또 수달다 장자가 삼천 우바새(優婆塞)와 함께, 비사카모가 이천 우바이(優婆夷)[6]와 함께, 보살마하살로서 발타바라란 이가 그의 권속 16보살과 함께, 문수사리보살이 그의 권속 오백 보살과 함께 모였으며, 그 밖의 하늘·용·야차·건달바[7] 등 일체 대중이 부처님의 광명을 보고서 모두 구름처럼 모여들었다.

그때 세존께서 넓고 긴 혀 모양을 내어 일천 광명을 놓으시니 그 낱낱 광명에 천 가지 빛이 있고 낱낱 빛 가운데 한량없는 화신 부처님이 있어 똑같은 음성으로 다 청정한 보살들의 깊고 헤아릴 수 없는 다라니법[8]을 설하시니 이른바 아난타목카 다라니·공혜(空慧) 다라니·무애성(無碍性) 다라니·대해탈무상(大解脫無相) 다라니 등이었다.

그때 세존께서 한 음성으로 백억 다라니문을 설하자 그 모임 가운데 있던 미륵(彌勒)보살[9]이 부처님 말씀을 들은 즉시 백만억 다라니문을 얻고 곧 그 자리에서 일어나 옷을 정돈하고 합장한 채 부처님 앞에 서 있었다.

그때 우파리(優波離) 존자[10]도 자리에서 일어나 땅에 엎드려 예배하고 부처님께 여쭈었다.

"세존이시여, 세존께서 옛날 여러 경장(經藏)에 말씀하시기를 '아일다(阿逸多, 미륵보살)가 다음에는 성불하리라'고 하셨습니다. 아일다는 범부의 몸으로 아직 번뇌를 끊지 못했으니, 이 사람이 목숨이 끝나면 어느 곳에 태어날 것이며, 또 이 사람이 이제 다시 출가하였으나 아직 선정을 닦지도 못했고 번뇌도 끊지 못했습니다. 그런데 부처님께서는 이 사람이 틀림없이 성불할 것이라고 수기(受記)[11]하셨으니, 이 사람은 목숨이 끝나면 어느 국토에 태어나게 됩니까?"

부처님께서 우파리에게 말씀하셨다.

"자세히 듣고 잘 생각하여라. 여래(如來)·응공(應供)·정변지(正遍知)[12]는 이제 대중들에게 미륵보살마하살이 더이상 위없는 바른 깨달음을 얻어 부처가 될 것이라고 수기한 것을 설명해 주리라.

이 사람은 지금부터 12년 뒤에 목숨이 끝나면 반드시 도솔천에 왕생할 것이다.

그때 도솔천에는 오백만억 천자(天子)가 있어서 그 낱낱 천자들은 다 깊고깊은 보시바라밀을 닦아서 다음 생에 부처님이 될 보살들에게 공양하기 위해 하늘의 복력(福力)으로써 궁전을 만들고 각각 자기 몸의 전단(栴檀)과 마니(摩尼)보배로 된 갓(寶冠)을 벗고 깊이 꿇어앉아 합장하면서 원을 세워 말하리라.

'우리들이 이제 이 값진 보배구슬과 보배갓으로 대심

중생(大心衆生)에게 공양하려고 합니다. 이 사람은 다음 세상에 오래지 않아서 아뇩다라삼먁삼보리(최고의 깨달음)를 성취하게 되리니, 그때 우리가 저 부처님의 장엄한 국토에서 수기를 얻을 수 있다면 우리들의 보배갓을 변화시켜 공양거리〔供具〕가 되게 하소서' 라고.

그때 여러 천자들이 이러한 서원을 세우면 모든 보배갓이 오백만억의 보배궁(宮)으로 변화하리라. 그 낱낱 보배궁에는 일곱 겹의 담이 있고 낱낱 담은 일곱 가지 보배로 이룩되며 낱낱 보배에서는 오백억 광명이 나오고, 낱낱 광명 가운데에는 오백억 연꽃이 있으며, 낱낱 연꽃은 오백억의 일곱 가지 보배나무로 변화되고 낱낱 나뭇잎에는 오백억의 보배 빛깔이 들어 있으리라.

또한 낱낱 보배 빛깔에는 오백억의 염부단금(閻浮檀金) 광명이 있고 낱낱 염부단금 광명 가운데에는 오백억의 천녀들이 있어 그 낱낱 천녀가 나무 아래 서서 무수한 구슬을 잡고 미묘한 음악 소리를 내는데, 그 음악 소리는 물러서지 않는 가르침을 설하느니라.

또 그 나무에는 파리(頗梨) 빛깔의 과일이 있어 모든 빛깔이 파리 빛깔 속에 들어가며, 이 모든 광명이 오른쪽으로 쏠려 이리저리 구르면서 뭇 음성이 흘러 나와 대자대비한 법을 연설하리라.

보배궁의 낱낱 담의 높이는 62유순이고 두께가 14유순이며 오백억의 용왕이 이 담을 둘러싸고서 제각기 오백억 보배를 펴부으며 나무가 그 담 위를 장엄하니 바람이 불어 나무가 흔들리면 나무끼리 서로 부딪쳐 '괴로움'과 '공함'과 '덧없음'과 '나 없음'과 모든 바라밀을 연설하리라.

그때 그 자리에 있던 뇌도발제라는 큰 귀신은 곧 자리에서 일어나 시방 부처님들께 두루 예배한 다음 큰 서원을 세우는데,

'만약 나의 복덕으로써 미륵보살을 위해 훌륭한 법당을 지을 수 있다면 나의 이 이마 위에서 저절로 구슬이 나오게 하소서'라고 하리라.

이렇게 서원을 세우자 이마 위에서 저절로 오백억 보배구슬이 나오며, 유리·파리 등 일체 빛깔을 다 구족한 붉고 검푸른 마니가 안팎으로 환히 비치는 것과 같은 이러한 마니의 광명이 공중을 빙빙 돌면서 마흔아홉 겹의 미묘한 보배궁을 변화해 만들리라.

그 보배궁의 낱낱 난간은 만억의 깨끗한 마니보배로 이루어져 있고 낱낱 난간 사이에는 구억의 천자와 오백억 천녀가 자연 화생하며, 낱낱 천자의 손 안에는 한량없는 억만의 일곱 가지 보배연꽃이 화생하고 낱낱 연꽃 위에는 한량없는 광명이 있으리라.

그 광명 가운데에는 모든 하늘의 악기가 갖춰져 있어 두드리지 않아도 저절로 울리며 이 소리가 나올 적에는 모든 천녀가 악기를 가지고 다투어 일어나 노래하고 춤

을 추는데 그 음성이 바로 열 가지 선(十善)[13]과 네 가지 넓은 서원(四弘誓願)[14]을 연설하니, 이 소리를 듣는 자는 다 더없는 도심(道心)을 내게 되리라.

또 저 돌산 가운데에는 여덟 가지 빛깔로 된 유리 연못이 있어 낱낱 연못이 다 오백억 보배구슬로써 이루어져 있고 낱낱 연못 가운데 여덟 가지 맛의 물이 여덟 가지 빛깔을 갖추고 그 물이 위로 솟아 들보와 기둥 사이로 출렁거리며 사방 문 밖에는 네 가지 꽃이 피어 물이 그 꽃 가운데로 나오는 것이 마치 보배꽃이 흐르는 것과 같다. 낱낱 꽃 위에는 스물네 명의 천녀가 있는데, 그 몸빛의 미묘함이 보살의 장엄한 모습과 같고 손 안에는 오백억의 보배그릇이 나타나며 그 낱낱 그릇 속에 하늘의 모든 감로(甘露)가 가득 들어찬다. 천녀들은 왼쪽 어깨에는 한량없는 구슬을 걸고 오른쪽 어깨에는 한량없는 악기를 짊어지고서 구름처럼 공중에 머물러 물을 따라 나오면서 보살의 여섯 가지 바라밀(六波羅密)[15]을 찬탄하리라.

만약 도솔천에 왕생한다면 이 천녀들의 시봉을 받으며, 또 일곱 가지 보배로 된 높이 4유순(由旬)의 큰 사자좌(師子座)와 염부단금과 한량없는 뭇 보배로써 장엄하는가 하면, 사자좌의 네 귀퉁이에는 네 가지 연꽃이 피어나되 낱낱 연꽃이 백 가지 보배로 이룩되고 낱낱 보배에서는 백억의 광명이 나와 그 광명이 미묘하게 오백억의 뭇 보배와 갖가지 꽃으로 변화하리라.

또 보배장막을 장엄할 적에 시방의 백천 범왕(梵王)들은 각각 한 범천의 미묘한 보배를 갖고 그것으로써 보배방울을 만들어 보배장막 위에 달았다.

그때 작은 범왕들은 하늘의 뭇 보배를 갖고 그것으로써 그물을 만들어 장막 위를 덮으며, 백천의 무수한 천자·천녀 권속들은 각각 보배꽃을 갖고서 자리 위에 펴니 이 모든 연꽃에서는 오백억의 보녀(寶女)들이 자라나 손에 흰 불자(拂子)를 잡고 장막 안에서 모시고 서 있으며, 궁의 네 귀퉁이에는 네 보배기둥이 있고 그 낱낱 보배기둥에는 깨끗한 마니구슬로써 이루어진 백천의 누각이 있다.

또 여러 누각 사이에는 백천 천녀의 묘한 빛이 견줄 데 없고, 손에 잡은 악기의 소리는 '괴로움'과 '공함'과 '덧없음'과 '나 없음'과 모든 바라밀을 연설하리라.

이와 같이 천궁에는 백억만의 한량없는 보배 빛이 있고 낱낱 천녀들도 역시 보배 빛과 같으니, 그때 시방의 한량없는 하늘들은 목숨이 끝나면 다 도솔천에 왕생할 것을 원하느니라.

그리고 도솔천궁에는 다섯 큰 천신이 있으니, 첫째 큰 천신의 이름은 보당(寶幢)으로 몸에서 일곱 가지 보배를 내어 궁장(宮牆) 안에 흩으면 그 낱낱 보배구슬이 한량없는 악기로 변화되어 공중에 머물러서 두드리지 않아도 저절로 한량없는 음성이 울리는데, 그 소리는 중생들의 뜻에 알맞다.

둘째 천신의 이름은 화덕(花德)으로 몸에서 뭇 꽃을 내어 궁장을 가득 덮으면 꽃들이 꽃일산으로 변화되어 그 낱낱 꽃일산이 백천의 당기〔幢〕·번기〔幡〕로서 길잡이가 된다.

셋째 큰 천신의 이름은 향음(香音)으로 몸의 털구멍에서 미묘한 전단향(栴檀香)을 내면 그 향이 구름처럼 백 가지 보배 빛깔이 되어서 궁을 일곱 겹으로 둘러싼다.

넷째 큰 천신의 이름은 희락(喜樂)으로 몸에서 여의주(如意珠)를 내면 그 낱낱 구슬이 저절로 당기와 번기 위에 머물러 한량없이 부처님께 귀의할 것과 법에 귀의할 것과 스님께 귀의할 것을 나타내 설하고, 또 다섯 가지 계율과 한량없는 선한 법의 모든 바라밀과 권유하여 이익되고 도움되는 보리의 이치를 연설한다.

다섯째 큰 천신의 이름은 정음성(正音聲)으로 몸의 모든 털구멍에서 물이 흐르는데 그 낱낱 물 위에 오백억의 꽃이 있고 낱낱 꽃 위에는 스물다섯 옥녀(玉女)가 있고 또 낱낱 옥녀의 털구멍에서 일체 음성이 나오되 천마(天魔)왕후의 음악보다도 뛰어나느니라."

부처님께서 우파리에게 말씀하셨다.

"이것을 말하여 도솔천상의 열 가지 선법에 대한 보

응이라 하며 또 수승 미묘한 복된 곳이라 한다. 설령 내가 세간에 머물러 있으면서 다음 생에는 부처님이 될 보살의 보응과 그 열 가지 선업에 대한 과(果)를 널리 말하더라도 이루 다할 수 없으리니, 이제 너희들을 위해 대략 설명해 두리라."

부처님께서 다시 우파리에게 말씀하셨다.

"만약 어떤 비구와 대중들이 생사를 싫어하지 않고 천상에 왕생하기를 좋아하는 이거나 더없는 보리심을 존경하는 이로서 미륵의 제자가 되려고 한다면 응당 이렇게 관(觀)할지니 이렇게 관하는 자는 다섯 가지 계율〔五戒〕[16]과 팔관재계(八關齋戒)[17]와 구족계(具足戒)[18]를 지녀 몸과 마음으로 정진하되 일부러 번뇌 끊을 것을 구하지 않고 열 가지 선한 법을 닦아서 낱낱 도솔천상의 훌륭하고도 묘한 쾌락을 생각해야 할지니라. 이렇게 관하는 것을 바른 관이라 하고 다르게 관하는 것을 삿된 관이라 하느니라."

그때 우파리는 곧 자리에서 일어나 옷을 정돈하고 땅에 엎드려 예배하고 나서 부처님께 여쭈었다.

"세존이시여, 도솔천상에 이렇게 묘하고 즐거운 일이 있다면 이제 이 미륵은 어느 때 남섬부주에서 사라져 저 천상에 왕생하게 됩니까?"

부처님께서는 우파리에게 말씀하셨다.

"미륵이 전생에 파라내국(波羅奈國)의 파바리라는 큰

바라문의 집에 태어났으니, 지금부터 12년 뒤 2월 15일에는 그 본래 태어났던 곳에 돌아가서 가부하고 앉은 채로 선정(禪定)에 들어가며 몸의 자금(紫金)빛 광명이 마치 백천의 햇빛과 같아져 그대로 도솔천에 올라가 버리는가 하면, 몸의 사리(舍利)가 쇠를 녹여 만든 형상처럼 움직이지도 흔들리지도 않으며 몸의 둥근 광명 가운데 수능엄삼매(首楞嚴三昧)[19]와 반야바라밀다(般若波羅密多)[20]가 있어 그 뜻이 밝으므로 모든 하늘·사람들이 보배의 묘한 탑을 일으켜 사리를 공양하리라.

그때 도솔천 칠보대(七寶臺) 안 마니전(摩尼殿) 위의 사자상좌(師子床座)에 홀연 화생(化生)하여 연꽃 위에 가부하고 앉았는데, 몸은 염부단금 같으며 길이는 열여섯 유순이고 서른두 가지 모습[三十二相][21]과 여든 가지 형호[22]를 다 구족하며 정수리 위에는 살상투[肉髻][23]가 있으며 머리털은 검푸른 유리빛이며 석가비능가 마니와 백천만억 견숙가 보배로써 하늘갓[天冠]을 장엄하리라.

그 하늘보배갓에는 백만억 빛이 있어 낱낱 빛 가운데 한량없는 백천의 화신 부처님이 여러 화신 보살을 시자로 삼고 있고 또 큰 보살들이 열여덟 가지 변화를 일으켜 마음대로 하늘갓 속에 머물며, 또 미륵의 눈썹 사이에 백호(白毫) 모습의 광명이 있어 백 가지 보배 빛을 내는가 하면, 서른두 가지 모습 가운데 오백억의 보배

빛이 있고, 낱낱 형호에도 역시 오백억 보배 빛이 있어 낱낱 상호로부터 8만 4천 광명구름을 내며, 여러 천자들과 더불어 꽃자리에 앉아 밤낮으로 항상 퇴전하지 않는 법륜행(法輪行)을 설하여 오백억 천자들을 성취시켜 그들로 하여금 아뇩다라삼먁삼보리에 퇴전하지 않게 하리라.

이와 같이 도솔천에 있으면서 밤낮으로 항상 법을 설하여 여러 천자들을 제도하고 남섬부주의 수명으로서는 56억만 세를 지낸 뒤에 다시 남섬부주에 하생(下生)하리니, 미륵하생경(彌勒下生經)에 설한 그대로이니라.”

부처님께서 또 우파리에게 말씀하셨다.

"이것을 일러 미륵보살이 남섬부주에서 사라져 저 도솔천에 태어나는 인연이라 하노라.

부처가 열반한 뒤에도 나의 제자로서 만약 부지런히 정진하여 모든 공덕을 닦고 위의를 결함없이 하여 탑을 닦고 땅을 바르게 하고 뭇 이름난 향과 묘한 꽃으로써 공양하는 한편 뭇 삼매를 행하고 바른 선정에 들어가서 경전을 읽고 외운다면 이러한 사람은 비록 번뇌를 끊지는 못하더라도 지극한 마음으로 인해 여섯 가지 신통을 얻을 것이다.

또 오로지 한 생각으로 부처님을 생각하고 미륵의 이름을 부른다면 비록 잠깐 동안이라도 팔재계(八齋戒)를 받고 청정한 업을 닦아 큰 서원을 낸 사람일진댄 목숨이 끝난 뒤에는 마치 힘센 장사가 팔을 한번 굽혔다 펴는 순간에 도솔천에 왕생하여 연꽃 위에 가부하여 앉는다. 그때 백천의 천자들이 하늘의 기악(伎樂)을 연주하며 하늘의 만다라(曼陀羅)꽃과 마하만다라꽃을 흩으면서 다음과 같이 찬탄할 것이니라.

'착하다 선남자여, 그대가 남섬부주에서 널리 복된 업을 닦았기 때문에 이곳에 와서 태어났다. 여기가 바로 도솔천이고 도솔천의 부처님 이름이 미륵이시니, 그대는 마땅히 귀의해야 하리라.'

이에 곧 예배하고 백초 모습의 광명을 자세히 보면 90억 겁 동안의 생사의 죄를 벗어날 것이며 보살은 그의 묵은 인연에 따라 묘법을 설하여 그로 하여금 견고하게 하여 더없는 도심(道心)에 물러나지 않게 하리라.

이와 같이 모든 업을 깨끗이 하여 여섯 가지 일의 법〔六法事〕[24]을 행한 중생은 반드시 도솔천상에 왕생하여 미륵을 만나게 될 것이며, 또 미륵을 따라 남섬부주에 내려와서도 제일 먼저 법을 들음으로써 미래세에 현겁(賢劫)[25]의 모든 부처님과 세존을 만날 것이고, 성수겁(星宿劫)[26]에서도 여러 부처님과 세존을 만나 보리의 수기[27]를 받게 되리라."

부처님은 또 우파리에게 말씀하셨다.

"부처가 열반한 뒤에 비구·비구니·우바새·우바이나 하늘·용·야차·건달바·아수라·긴나라·마후라가 등 이러한 대중이 만약 미륵보살마하살의 명호를 듣고서 환희심을 내며 공경하여 예배한다면 목숨이 끝나는 즉시 손가락 한 번 튀기는 사이에 곧 도솔천에 왕생하기를 앞서 말한 바와 같이 할 것이며 미륵의 명호만을 들은 자도 목숨이 끝나자마자 어두운 곳이나 변두리 땅이나 모든 나쁜 계율에 떨어지지 않고 항상 바른 소견의 권속에 태어나 삼보를 비방하지 않게 되리라."

부처님은 또 우파리에게 말씀하셨다.

"어떤 선남자·선여인이 계(戒)를 범하여 뭇 악업을 저질렀더라도 미륵보살의 이름을 듣고서 온몸을 땅에 엎드려 성심껏 참회한다면 이 모든 악업이 곧 사라지게 되며, 미래세의 중생도 미륵보살의 대비한 이름을 듣고서 형상을 만들어 세우거나 향·꽃·의복과 비단·일산·당기·번기로써 공양하고 오로지 한 생각으로 염원한다면 목숨이 끝나려 할 적에 미륵보살이 그의 눈썹 사이의 백호에서 광명을 내는가 하면 여러 천자들과 함께 만다라꽃을 퍼부으며 이 사람을 맞이할 것이다. 이 사람이 곧 왕생하여 미륵보살을 뵙고 엎드려 예배 공경하면 머리를 들지도 않은 사이에 문득 법을 듣고서 곧 더없는 도(道)에 물러남이 없고 미래세에 가서도 항하의 모래알[28] 같은 모든 부처님 여래를 다 만나게 되리라."

부처님께서 또 우파리에게 말씀하셨다.

"너는 이제 자세히 들어라. 이 미륵보살이 미래세에

도 크게 중생들의 의지처가 되리니, 만약 미륵보살에게 귀의하는 자가 있다면 알아 두라. 이 사람은 더없는 도에 물러남이 없을 것이며, 미륵보살이 다타아가도 아라하 삼먁삼불타(多陀阿伽度阿羅訶三藐三佛陀)[29]를 이룩할 적에 부처님의 광명을 보고서 곧 수기(授記)를 얻으리라."

부처님은 또 우파리에게 말씀하셨다.

"부처가 열반한 뒤에 비구·비구니·우바새·우바이·하늘·용·귀신 가운데 도솔천에 왕생하려는 자는 마땅히 이렇게 관(觀)하여 오로지 한 생각으로 도솔천을 염원하되 부처님의 계를 지녀 하루 내지 이렛 동안 열 가지 선한 행과 열 가지 선한 도를 생각하며 하늘사람을 보거나 하늘연꽃을 볼 때 찰나마다 미륵의 명호를 부른다면 이 사람은 천이백 겁에 걸친 생사의 죄를 제거할 수 있으리라.

그리고 미륵의 명호만을 듣고서 합장 공경하여도 이 사람은 50겁 동안의 생사의 죄를 면할 수 있으리라. 만약 미륵에게 공경 예배하는 자가 있다면 백억 겁 동안의 생사의 죄를 제거할 것이며, 설령 천상에 왕생하지는 못하더라도 미래세 용화(龍華)보리수 아래에서 또한 만나게 되어 더없는 마음을 내리라."

이렇게 말씀하시자 한량없는 대중들이 곧 자리에서 일어나 부처님 발 아래 엎드려 예배하고 미륵의 발 아래에도 예배하고서 부처님과 미륵보살을 백천 번 돌고, 아직 도를 얻지 못한 자들이 각각 서원을 내었다.

"저희들 하늘·사람과 팔부 중생은 이제 부처님 앞에서 진실한 서원을 세우니, 미래세에는 미륵을 만나 이 몸을 버리고서 모두 도솔천에 왕생할 수 있게 하소서."

부처님은 이에 수기하셨다.

"너희들과 미래세에 복을 닦고 계율을 지닌 자는 모두 미륵보살 앞에 왕생하여 미륵보살의 보살핌을 받게 되리라."

부처님은 우파리에게 말씀하셨다.

"이렇게 관하는 것을 바른 관이라 하나니, 만약 다르게 관한다면 이는 삿된 관이니라."

그때 존자 아난(阿難)[30]이 곧 자리에서 일어나 합장하고 꿇어앉아 부처님께 사뢰었다.

"세존이시여, 거룩하옵니다. 세존이시여, 미륵의 모든 공덕을 쾌히 말씀하시고 또 미래세에 복을 닦는 중생들이 얻을 결과에 대하여 수기하셨으니, 저도 이제 기쁘게 따르겠습니다. 세존이시여, 이 법의 이치를 어떻게 받아 간직해야 하며, 이 경전의 명칭을 무엇이라 하오리까."

부처님은 아난에게 대답하셨다.

"너는 부처의 말씀을 간직하여 부디 잊거나 잃어버리지 말고 미래세를 위해 천상에 왕생하는 길을 열어 보리의 상(相)을 보여서 부처의 종자를 끊지 말라. 이 경전의 명칭은 미륵보살반열반(彌勒菩薩般涅槃)이라 하고, 관미륵보살생도솔타천권발보리심(觀彌勒菩薩生兜率陀天勸發菩提心)이라고도 하나니, 이와 같이 받아 간직하라."

부처님께서 이 말씀을 하실 적에 다른 곳에서 모여온 십만 보살은 수능엄(首楞嚴)삼매를 얻고 8만억 하늘들은 보리심을 내어 다 미륵을 따라 하생(下生)하기를 원하였다.

또 부처님께서 이 말씀을 하실 적에 비구·비구니·우바새·우바이 등 사부 제자와 하늘·용 등 팔부(八部)들은 부처님 말씀을 듣고서 다 크게 기뻐하며 부처님께 예배하고 물러갔다.

미륵하생경
(彌勒下生經)

미륵하생경
(彌勒下生經)

이와 같이 나는 들었다.

어느 때 부처님께서는 사위국의 기수급고독원에서 큰 비구 대중 오백 인과 함께 계셨다.

그때 아난(阿難)이 가사를 두르고 오른쪽 무릎을 땅에 대고서 부처님께 여쭈었다.

"여래께서는 깊이 아시어 무슨 일이건 살피지 않는 것이 없으시며 또 미래·과거·현재의 삼세를 모두 분명히 아시며 또한 과거 부처님의 명호와 성씨 그리고 따르고 모시는 제자와 보살이 몇인지를 모두 아시며, 한 겁·백 겁 내지 무수한 겁을 모두 관찰하심도 그와 같으며 국왕·대신과 백성들의 이름까지도 분별하시고, 현재 국토 경계에 대한 모든 것도 분명히 요달하십니다. 세존이시여, 얼마나 먼 장래에 미륵이 출현하게 됩니까. 등정각(等正覺)[1]이시여, 그 변화를 듣고자 합니다.

그리고 제자들이 좌우로 모시는 것과 부처님 경계의 그 풍족하고도 안락함이 얼마만큼의 시기를 경과하게 될 것입니까.”

부처님께서 아난에게 말씀하셨다.

“너는 다시 자리에 앉아서 내가 말하는 미륵의 출현과 국토의 풍족하고 안락함과 제자들의 많고 적음을 듣고서 잘 생각해 마음에 간직하여라.”

이에 아난은 곧 자리에 도로 앉았다.

그때 세존께서 아난에게 말씀하셨다.

“먼 장래 이 나라 경계에 시두라는 성(城)이 있는데 그 크기는 동서가 12유순(由旬)[2]이고 남북이 7유순이며 토지가 비옥하고 백성이 번성하여 도시가 서로 이어져 있으리라.

또 성중에는 수광(水光)이란 용왕이 밤에는 향비(香雨)를 내리고 낮에는 맑게 개게 하며, 엽화(葉華)라는 귀신은 그 행동이 법에 수순하여 바른 교훈을 어기지 않을 뿐더러 매양 백성들이 잠든 뒤에 온갖 더럽고 나쁜 것을 제거하며 항상 향즙(香汁)을 땅에 뿌리므로 그 땅에는 늘 향내가 나고 깨끗하리라.

아난아, 알아 두어라. 그때 남섬부주는 동서남북이 각각 천만 유순인데다가 모든 산과 강과 석벽(石壁)이 다 저절로 없어지고 사방의 큰 바닷물은 넘치거나 줄어듦이 없어서 땅의 평평하고 깨끗하기가 거울과 같으리라.

또 온 남섬부주 안에는 곡식이 풍부하고 백성이 번성하고 모든 값진 보물이 많고 마을끼리 서로 가까워 닭 울음소리가 들리리라. 이때에는 나쁜 꽃이나 과일나무의 시들고 더러운 것도 저절로 소멸고 달고 아름다운 과일나무와 향기롭고 좋은 것은 다 땅에서 자라나며, 기후도 화창하고 계절의 절기가 알맞으므로, 사람들의 백여덟 가지 걱정거리가 없어지며 탐욕·성냄·어리석음도 크게 염려할 것이 없어 사람들의 마음이 다 고르리라.

또 서로가 즐거운 얼굴로 대하고 착한 말로 대화하며 그 말씨 역시 한결같이 차별이 없어 울단월 사람들과 같으리라.

이때 남섬부주의 사람들은 크거나 작거나 다 똑같아서 약간의 차별도 없으며, 남녀 구별없이 똥·오줌을 누려는 생각만 있으면 땅이 저절로 열렸다가 일이 끝난 뒤에는 다시 땅이 합쳐지리라.

그 땅에는 멥쌀〔粳米〕이 저절로 자라나되 껍질이 없고 향과 맛이 매우 좋아 먹기에 힘들지 않느니라.

자거(車渠)·마노(馬瑙)·진주·호박(琥珀)과 금·은 같은 값진 보배들이 땅에 흩어져 있어도 욕심내는 사람이 없고 오히려 손에 든 보물을 보고 서로가 말하기를, '옛날 사람들은 이 보물 때문에 서로 해치고 옥에 갇히는 등 많은 고통을 받았지만 지금에 와서는 이 보물이

기와나 돌같이 누구도 탐내는 이가 없네'라고 하리라.

그리고 양카라는 법왕이 세상을 바른 법으로 다스려 교화함으로써 일곱 가지 보배를 성취하리니, 이른바 윤보(輪寶)·상보(象寶)·마보(馬寶)·주보(珠寶)·옥녀보(玉女寶)·전병보(典兵寶)·수장보(守藏寶)니라. 또 남섬부주의 여러 나라를 정복하되 칼이나 몽둥이 따위를 쓰지 않아도 자연히 다 굴복하리라.

아난아, 그때에는 네 개의 큰 보배창고〔寶藏〕가 저절로 생길 것이니라. 첫째 건타월국의 이라발 보장으로 온갖 값진 구슬과 이상한 물건이 이루 헤아릴 수 없이 많고, 둘째 미제라국의 주라 큰 보장에도 값진 보물이 많고, 셋째 수뢰타대국의 큰 보장에도 값진 보물이 많고, 넷째 파라내국의 양카 큰 보장에도 값진 보물이 이루 헤아릴 수 없을 정도이다. 그 보장을 지키는 사람들이 각각 왕에게 아뢰기를, '원컨대 대왕이시여, 이 보장의 물건을 빈궁한 이에게 베푸소서'라고 할 것이다.

그때 양카 대왕은 보물을 얻고 나서 살펴보지도 않고 재보라는 생각조차도 없을 것이다.

또 남섬부주에는 매우 얇고 부드러운 옷이 나무 위에 저절로 자라나 사람들이 그것을 가져다 입기를 마치 울단월 사람들이 하는 것과 다름이 없으리라.

그때 왕에게는 수범마라는 대신이 있어 왕과 어릴 때부터 친근한 사이로서 왕이 매우 사랑하고 존경하리라.

수범마는 얼굴이 단정하여 길지도 짧지도 않고 살찌거나 여위지도 않고, 희지도 검지도 않고, 늙거나 젊지도 않으며, 그의 아내 범마월 역시 수승하고 미묘함이 여인 중에 가장 뛰어나 천제(天帝)의 후비와 같으니라. 입에서는 우발라꽃과 연꽃의 향내를 내고 몸에서는 전단향의 향내를 내는 등 부인의 여든네 가지 태도는 매우 아름다워 다시 보기 어려우며 병이나 어지러운 생각도 없느니라.

그때 미륵보살이 도솔천에서 그 부모가 늙지도 젊지도 않음을 보고 곧 내려와서 오른쪽 옆구리로부터 출생하기를 마치 내가 오른쪽 옆구리에서 출생한 것과 같이 하리라.

그때 도솔천의 여러 하늘들은 각각 외치기를 '미륵보살이 이미 내려가 출생하였네' 할 것이다. 이때 수범마는 아들의 이름을 미륵이라 할 것이며 미륵보살은 서른두 가지 모습과 여든 가지 형호로써 그 몸을 장엄해 몸이 황금빛이 되리라.

그때는 사람들의 수명이 매우 길고 아무런 걱정이 없으므로 다 8만 4천 세의 수명을 누리며, 여인은 나이 오백 세가 된 뒤에 시집을 가게 되리라.

또 미륵이 속가에 있은 지 얼마 지나지 않아서 곧 출가하여 도를 배우되, 시두성에서 그리 멀지 않는 곳에 도수(道樹)가 있으니 그 이름이 용화(龍華)이고 높이가

1유순에 넓이가 오백 보(步)이니라. 미륵보살이 밤중에 그 나무 아래에 앉아서 더없는 도과(道果)를 이룩하였는데, 그때 삼천대천세계는 여섯 가지로 진동하였다.

지신(地神)들에게 각각 이르기를 '이제 미륵이 이미 성불하였네' 하자 이 소문이 차츰 사천왕궁에 들려서 '미륵이 이미 불도를 이룩하였네' 하며, 다시 삼십삼천과 염천(豔天)과 도솔천과 화자재천(化自在天)과 타화자재천(他化自在天)에 들리고 점차 범천에까지 들리므로 역시 '미륵이 이미 불도를 이룩하였네' 하리라.

그때 마왕(魔王)이 법으로써 교화하다가 여래의 명호와 음성을 듣고 기뻐 어쩔 줄 몰라 이렛낮·이렛밤을 잠자지 않는가 하면 욕심세계(欲界)의 무수한 하늘·사람들을 데리고 미륵불의 처소에 가서 공경히 예배하리라. 그때 미륵 성존(聖尊)은 여러 하늘·사람들에게 차례로 미묘한 논(論)을 설법하리라. 논이란 보시의 논과 계율의 논, 천상에 나는 논이니 애욕은 부정하다는 생각과 해탈하는 이치로서 묘법을 삼는다.

그때 미륵보살은 많은 사람들이 환희심 내는 것을 보고 모든 불·세존께서 항상 설법하시는 그 괴로움의 진리(苦)와 쌓임의 진리(集)와 사라짐의 진리(滅)와 도의 진리(道)를 널리 설하여 분별함으로써 자리에 있던 8만4천의 천자들은 모든 번뇌가 다 소멸되고 청정한 법안(法眼)을 얻으리라.

그때 마왕이 욕심세계 사람들에게 말할 것이다.

'너희들은 빨리 출가하여라. 왜냐하면 미륵이 오늘날 이미 저 언덕〔彼岸〕3)에 도달했으므로 너희들을 제도하여 저 언덕에 이르게 할 것이기 때문이다'라고.

한편 그때 선재(善財)라는 장자가 있어 마왕의 교령(敎令)을 들음과 동시에 미륵불의 음성을 듣고서 8만 4천의 대중을 데리고 미륵불의 처소에 이르러 엎드려 예배한 다음 한쪽에 물러나 앉으리라.

그때 미륵은 역시 미묘한 논(論)을 점차로 설하리니, 이른바 논이란 보시의 논·계율의 논과 천상에 태어나는 논이니 욕심은 부정하다는 생각과 해탈하는 이치로서 묘법을 삼는 것이니라.

그때 미륵이 여러 사람들의 마음이 열리고 뜻이 깨달아짐을 보고서 모든 불·세존께서 항상 말씀하시는 괴로움의 진리와 쌓임의 진리, 사라짐의 진리와 도의 진리를 여러 사람들에게 널리 분별함에 따라, 그때 자리에 있던 8만 4천 사람들은 모든 번뇌가 다하여 법안의 청정함을 얻으리라. 이때 선재(善財)는 곧 8만 4천 사람들을 데리고 나아가 미륵불에게 사뢰고 출가할 것을 구하여 범행(梵行)을 잘 닦음으로써 다 아라한(阿羅漢)4)의 도를 얻으리라.

그때 미륵보살의 첫 법회에 8만 4천 명이 아라한의 도를 얻었으며 양카왕은 이미 미륵보살이 성불하였음을 듣고 곧 미륵불의 처소에 이르러 법을 듣고자 하리라. 미륵불은 왕에게 초선(初善)·중선(中善)·경선(竟善)의 깊고깊은 이치를 설법하며 대왕은 태자에게 왕위를 물려주는가 하면, 이발사에게 값진 보물을 주고 또 보배를 여러 범지(梵志)[5]들에게 주고는 8만 4천 대중을 데리고 미륵불의 처소에 이르러 사문이 되기를 구하여 다 도과(道果)를 이룩해 아라한을 얻으리라.

그리고 수범마 장자는 역시 미륵보살이 이미 성불하였음을 듣고 8만 4천 범지의 무리를 데리고 미륵불 처소에 이르러 사문이 되기를 구한 결과 아라한을 얻으며 수범마 한 사람은 세 가지 번뇌를 끊어 반드시 그 괴로움의 진리를 깨달으리라.

또 미륵불의 어머니 범마월은 다시 8만 4천의 채녀(婇女)들을 데리고 미륵불의 처소에 이르러 사문이 되기를 구하여 그 여인들은 모두 아라한을 얻고 범마월 한 사람만은 세 가지 번뇌를 끊어 수다원(須陀洹)[6]을 이룩하리라.

그때 여러 부인들도 미륵여래가 세간에 출현하며, 등정각(等正覺)을 성취함을 듣고서 수천만 군중들이 미륵불 처소에 이르러 땅에 엎드려 예배하고 한쪽에 물러나 앉아서 각각 마음껏 사문이 되기를 원해 도를 배우되 혹은 집착하는 이가 있고 혹은 집착하지 않는 이가 있으리니 아난아, 그때 집착하지 않는 이는 다 법을 받는 사람으로서 일체 세간을 싫어하느니라. 그때 미륵이 삼승(三乘)⁷⁾의 교법을 설하면 나의 제자 가운데 가섭(迦葉)이 열두 가지 두타(頭陀)⁸⁾를 행함에 있어 과거 부처님들의 범행(梵行)을 잘 닦는 것과 같으리니, 이 사람도 미륵을 보좌하여 사람들을 교화하리라."

그때 가섭은 그다지 멀지 않은 자리에 바른 몸과 바른 뜻으로 오로지 한 생각으로 가부하고 앉아 있었다.

그때 세존께서 가섭에게 말씀하셨다.

"내가 이제 이미 노쇠하여 80세가 넘었지만, 지금 나에게는 네 사람의 큰 성문이 있어 교화를 감당할 만하고 지혜가 뛰어나고 뭇 덕을 구족했으니, 그 네 성문은 큰 가섭 비구와 도발탄 비구와 빈두로 비구와 나운 비구이다. 너희들 네 비구는 열반에 들지 말고 우리의 법이 다 없어질 때까지 기다린 뒤에 열반에 들어야 하며, 큰 가섭 역시 열반에 들지 말고 미륵이 세간에 출현할 때까지 기다려야 한다. 왜냐하면 미륵의 제자는 다 석가모니 부처님의 제자로서 나의 남긴 교화로 말미암아 그 번뇌를 다했기 때문이니라.

그리고 큰 가섭이 저 산중에 머물 적에 미륵여래가 무수한 대중을 데리고서 산중에 이르러 드디어 불은(佛恩)에 힘입어 여러 귀신들이 문을 열어 가섭의 선굴(禪窟)을 보게 하리니, 이때 미륵이 오른손을 펴 가섭을 가리키면서 여러 사람들에게 다음과 같이 말씀하리라.

'오랜 과거 석가모니 부처님의 제자 가섭이 지금 현재도 두타(頭陀)를 닦는 고행이 가장 제일이노라.'

이때 여러 사람들이 이 사실을 보고 나서 전에 없던 일이라고 찬탄하며, 무수한 백천 중생이 모든 번뇌가 다하여 청정한 법안을 얻고 혹 어떤 중생은 가섭의 몸을 볼 것이다. 이것이 바로 최초의 법회로서 96억 사람들이 다 아라한을 얻으리니, 이 사람들이 다 나의 제자니라. 왜냐하면 모두 나의 교훈으로 말미암아 그렇게 되며, 또 네 가지 일의 인연인 보시와 인자함과 사랑함과 남을 이롭게 함과 평등히 이롭게 함으로 말미암아 그렇게 되기 때문이니라."

"아난아, 그때 미륵여래가 가섭의 승가리(僧伽梨)[9]를 가져와 입으매, 이때 가섭의 몸이 문득 별처럼 사라지리라. 미륵은 다시 갖가지 향과 꽃으로써 가섭을 공양하리니, 왜냐하면 모든 불·세존은 다 바른 법을 존경하는 마음이 있기 때문이니라. 미륵도 역시 나에게 받은 바른 법의 교화로 말미암아 더없이 바르고 참된 도를 이룩했느니라.

아난아, 알아 두라. 미륵불의 두번째 법회 때에는 94억 사람들이 다 아라한을 얻으리니, 이들 역시 내가 남긴 교법의 제자로서 네 가지 일의 공양을 행하므로 그렇게 되는 것이며, 또 미륵의 세번째 법회 때에도 92억 사람들이 다 아라한이 되리니, 이들 역시 내가 남긴 교

법의 제자인지라, 그때 비구들의 성명을 자씨 제자(慈氏弟子)[10]라고 일컬음은 마치 오늘날 나의 제자들이 다 석가의 제자라고 일컫는 것과 같으리라.

그때 미륵은 여러 제자들과 더불어 설법하기를,

'너희들 비구야, 마땅히 무상(無常)하다는 생각과 즐거움이란 것은 괴로움이 있다는 생각과 나[我]라는 것은 내가 없다는 생각과 실(實)이란 것은 공(空)하다는 생각과 물질이란 것은 변한다는 생각과 푸르게 멍든다는 생각과 부풀어 터진다는 생각과 음식이란 소화되지 않는다는 생각과 피고름이란 생각과 일체 세간은 즐겨 할 수 없다는 생각을 관찰할지니라.

왜냐하면 비구야, 알아 두라. 이 열 가지 생각은 다 과거에 석가모니 부처님께서 너희들에게 설해 주어 번뇌를 다 끊고 해탈을 얻게 하셨기 때문이라. 이러한 대중 가운데에는 석가모니 부처님 제자로서 과거세 때 범행(梵行)을 닦아 나의 처소에 왔거나, 혹은 또 석가모니 부처님 처소에서 삼보를 공양하여 나의 처소에 왔거나, 혹은 석가모니 부처님 처소에서 손가락 튀기는 사이에 선한 근본을 닦아 여기에 왔거나, 혹은 석가모니 부처님 처소에서 네 가지 평등한 마음을 행하여 여기에 왔거나, 혹은 석가모니 부처님 처소에서 다섯 가지 계율과 세 가지 스스로 귀의하는 법을 받아 간직해 나의 처소에 왔거나, 혹은 석가모니 부처님 처소에서 사묘(寺

廟)[11]를 세워 나의 처소에 왔거나, 혹은 석가모니 부처님 처소에서 묵은 절을 보수하여 나의 처소에 왔거나, 혹은 석가모니 부처님 처소에서 팔관재(八關齋)의 법을 받아 나의 처소에 왔거나, 혹은 석가모니 부처님 처소에서 향과 꽃으로 공양하여 나의 처소에 왔거나, 혹은 석가모니 부처님 처소에서 법을 듣고 눈물을 흘릴 정도로 슬피 울어 나의 처소에 왔거나, 혹은 석가모니 부처님 처소에서 오로지 한뜻으로 법을 받아 나의 처소에 왔거나, 혹은 형체와 수명이 끝날 때까지 범행(梵行)을 잘 닦아서 나의 처소에 왔거나, 혹은 받들어 섬기고 공양하여 나의 처소에 온 이들이니라.'

이때 미륵은 또 게송을 읊어 말하리라.

계율과 다문(多聞)의 덕과
선정과 생각하는 업을 늘려
범행(梵行)을 잘 닦았기에
이제 나의 처소에 이른 것이며

보시를 권하고 기쁜 마음을 내고
마음의 근본을 수행하여서
뜻에 조금도 삿된 생각이 없었기에
다 나의 처소에 이른 것이며

혹은 평등한 마음을 내어
여러 부처님을 받들어 섬기고
음식을 성중(聖衆)에게 공양했기에
다 나의 처소에 이른 것이며

혹은 계율과 경전을 읽어
잘 익히고 사람들에게 일러 주어서
법의 근본을 번성케 하였기에
이제 나의 처소에 이른 것이며

부처님 제자로서 잘 교화하며
모든 사리를 공양하고 섬기며
법공양을 행하였기에
이제 나의 처소에 이른 것이며

혹은 경전을 베껴 써서
널리 지상에 선포하고
경전을 공양함이 있었기에
다 나의 처소에 이른 것이며

비단이나 채색 등 모든 물건으로
절에 공양하면서
스스로 '나무불'이라 일컬었기에

다 나의 처소에 이른 것이라

현재세의 모든 부처님과
과거세의 부처님을 공양한 이는
선정의 그 바르고 평등함이
역시 더하거나 덜함이 없나니

이 때문에 불법에 있어서
성중(聖衆)을 받들어 섬기고
오로지 한마음으로 삼보를 섬긴다면
반드시 함이 없는 경지에 이를 것이네.

아난아, 알아 두라. 미륵여래가 저 대중 가운데 있으면서 이 게송을 읊음에 따라 그때 대중 가운데 여러 하늘과 백성들이 모든 번뇌를 다 끊고 법안(法眼)의 청정함을 얻으며, 미륵여래의 천 세 동안에는 대중들이 아무런 허물이 없이 항상 이 게송으로써 가르침을 삼으리라.

입과 마음으로 악행을 저지르지 않고
몸으로서도 범하지 않아
세 가지 행[12]을 제거하면
곧 생사의 문을 벗어나리라.

천 세를 지난 뒤에도 계율을 범하는 사람이 있으면 곧 계율을 다시 세우며 미륵여래가 8만 4천 세의 수명을 누리고 열반한 뒤에도 남긴 법은 8만 4천 세를 더 유지하리니, 왜냐하면 그때 중생은 다 근기가 영리한 선남자·선여인으로서 미륵불과 세 번에 걸친 법회의 성중(聖衆)을 보려고 하는 자거나, 또는 양카왕과 네 곳의 큰 보배창고를 보려는 자거나, 저절로 자라나는 쌀을 먹고 저절로 생기는 옷을 입으려는 자거나, 목숨이 끝난 뒤에 천상에 왕생하려는 자 등이기 때문이다.

또 선남자·선여인들이 부지런히 정진하기를 게을리 하지 않으며, 여러 법사를 공양하고 받들어 섬기되 아름다운 꽃과 훌륭한 향을 갖가지로 공양하여 실수가 없게 하기 때문이라. 그러므로 아난아, 마땅히 이렇게 배워야 하리라."

그때 아난을 비롯한 그 모임의 대중들이 모두 부처님 말씀을 듣고서 기뻐하여 받들어 행하였다.

미륵대성불경
(彌勒大成佛經)

미륵대성불경
(彌勒大成佛經)

이와 같이 내가 들었다.

부처님께서 과거의 일곱 부처님이 마귀를 항복시키셨던 마갈타국(摩伽陀國)[1] 파사산에서 여름 안거〔夏安居〕를 하실 때였다. 하루는 사리불(舍利弗)[2]과 함께 산마루를 거니시다가 게송으로 이렇게 말씀하셨다.

일심으로 자세히 들으라.
광명과 큰 삼매와 위없는
모든 공덕을 다 갖춘 이가
이 세상에 반드시 나타나리라.

그가 묘한 법문 설할 때에는
누구나 만족함을 얻게 되어
목마른 이가 감로수를 마시듯

재빨리 해탈도에 이르리라.

그때 사부대중(四部大衆)³⁾은 길을 고르고 물뿌리고 쓸고 향피우며 공양 올릴 여러 가지를 가지고 와서 부처님과 비구 대중에 바쳤다.

사부대중은 효자가 그 어버이를 쳐다보듯 부처님을 오직 공경하는 마음으로 우러러보며, 목마른 사람이 물을 생각하듯 법의 어버이신 부처님을 한마음으로 생각하였다.

그리고 부처님께 정법(正法)을 설해 주실 것을 청하고자 모든 감관을 고요히 가라앉히고 오직 일심으로 부처님을 우러러 눈과 마음을 기울였다.

그때 비구·비구니·우바새·우바이와 하늘·용·귀신·건달바·아수라·가루라·긴나라·마후라가·사람과 사람인 듯 아닌 듯한 것⁴⁾ 등의 온 대중이 자리에서 일어나 세존을 오른쪽으로 돌고 땅에 엎드려 부처님을 우러러 눈물을 흘렸다.

그때 지혜제일인 사리불은 옷을 바로 하고 공손히 법복을 걸쳐 입었다. 그는 법왕이신 부처님의 마음을 잘 알고 따르며 부처님께서 펴시는 정법을 잘 배우는 제자일 뿐 아니라 부처님을 잘 보필하는 중신이며 법을 잘 지키는 대장이었다.

사리불은 중생을 불쌍히 여기고 그들의 괴로움을 풀

어주기 위하여 부처님께 이렇게 여쭈었다.

"세존이시여, 세존께서 아까 산 위에서 가장 지혜로운 이를 게송으로 찬탄하시었사온데 그런 일은 일찍이 어느 경(經) 가운데서도 말씀하신 적이 없었나이다. 이제 이 대중들이 눈물을 흘리며 목마르게 원하는 것은, 이 다음 세상의 부처님이 감로(甘露) 같은 도를 열어주시는 데 대해 부처님의 말씀을 듣는 것이오며, 그 부처님의 이름이 미륵이시고 그 공덕이 신묘스러우며 그 부처님 세계의 장엄함이 미묘한 것에 대하여 듣고자 하는 일이옵니다.

세존이시여, 저 미륵보살을 뵈오려면 장차 어떻게 착한 마음의 씨〔善根〕를 심어야 하오며, 어떻게 계(戒)와 보시(布施)와 선정(禪定)과 지혜(智慧)의 힘을 닦아야 하오며 어떤 마음으로 여덟 가지 바른길〔八正道〕[5]을 닦아야 하나이까?"

사리불이 이렇게 사뢸 적에 백천의 하늘임금과 수없는 범천(梵天)들이 공손하게 합장하고 이구동성으로 부처님께 여쭈었다.

"세존이시여, 원컨대 저희들로 하여금 이 다음 세상에 가장 위대한 과보를 받아 삼계(三界)[6]의 눈이 되고 광명이 되실 미륵 부처님을 만나게 해주시옵고, 미륵 부처님께서 중생들을 위해 설하시는 큰 자비의 법문을 듣게 해주시옵소서."

팔부대중(八部大衆)⁷⁾도 공손하게 합장하고 부처님께 청하였다.

그때 범천왕이 모든 범천의 대중들과 더불어 함께 합장하고 이구동음으로 이렇게 게송으로 찬탄하였다.

모든 것 원만하여 둥근 달과 같고
열 가지 힘[十力]⁸⁾ 갖추어 정진대장 용맹 크시며
다 아시는 분(부처님)께 귀의합니다.

시방(十方) 삼세 뛰어넘어
세 가지 밝은 지혜[三明]⁹⁾로
네 마귀[四魔]¹⁰⁾를 항복시키셨네.

육신은 법의 그릇, 마음은 허공
유(有)·무(無)·비유(非有)·비무(非無)에
흔들림없고 공한 법 통달하시니

온 세상 누구나 찬탄하옵고
저희들 한마음으로
성심껏 귀의하오며
바른 법 듣자옵기 원하옵니다.

세존께서 사리불에게 말씀하셨다.

"내 이제 너희들을 위해 두루 설명하노니 잘 듣고 생각할지어다. 여래의 위없는 도[無上道]인 '마하반야(摩訶般若)'[11]에 대하여 듣고자 하는 너희들의 갸륵한 마음을 여래는 마치 손바닥의 구슬 보듯 환히 아느니라.

과거세의 일곱 부처님 처소에서 부처님 이름을 듣고 공양 예배하여 위대한 공덕을 쌓아서 업을 깨끗이 한 사람이라야 미륵 부처님의 위대한 자비를 듣고 비로소 깨끗한 도심을 얻게 되느니라.

너희들은 이제 지극한 정성으로 합장하여 미래세의 교주인 미륵 부처님의 큰 자비에 귀의할지어다. 내가 너희들을 위하여 자세히 설하리라.

미륵 부처님의 세계는 깨끗한 삶으로 이룩되어 있어 거짓과 아첨이 없는 세계며, 보시·지혜·반야바라밀을 닦지만 얽매이거나 애착하지 않는 세계며, 미묘한 열 가지 큰 원으로 장엄된 국토이기 때문에 뭇 중생들이 부드러운 마음으로 살게 되는 세계니라.

또 미륵 부처님의 큰 자비로 말미암아 저 세상에 태어나는 중생들은 모든 감관(感官, 諸根)[12]을 잘 항복하고 길들이며 부처님의 교화로 수순하지 않은 사람이 없게 되느니라.

사리불아, 그때에는 사해(四海)의 수면이 삼천 유순이나 줄게 되고 염부제(사바세계)의 땅은 길이와 폭이 일만 유순이나 되며, 거울처럼 평평하고 깨끗하리라.

또 뜻 맞는 꽃[大適意花]과 마음 즐겁게 하는 꽃[悅可意花]·지극히 향기로운 꽃[極大香花]·우담바라꽃[優曇鉢花]·큰 금잎새 꽃[大金葉花]·일곱 가지 보배 잎새 꽃[七寶葉花]·하얀 은잎으로 된 꽃[白銀葉花]들이 피어 있는데, 꽃술은 하늘비단처럼 곱고 연하며 열매는 상서로운 기운과 온갖 향기와 진기한 맛을 지니며 하늘솜처럼 부드러우니라.

우거진 숲에는 나무에 꽃이 만발하고 맛있는 열매가 아름답고 묘하게 열려 있고, 나무들의 높이가 삼천 리나 되는 광대한 숲이어서 도솔천이나 환희원보다 훨씬 좋으니라.

좋은 집들이 즐비한 도시와 도시가 연이어 있어 닭들이 서로 날아다닐 수도 있느니라.

이것은 모두 이제 부처님이 거룩한 큰 씨앗을 심고 자비를 행한 결과이며, 이 공덕으로 말미암아 다함께 저 나라에 태어나서 지혜와 거룩한 덕과 오욕의 온갖 것을 갖추어 아주 즐겁고 편안하며, 아홉 가지 고난이 없고, 질병이 없이 팔만사천 세를 누려 일찍 죽는 일이 없느니라.

그때의 사람은 키가 열여섯 길이나 되고 언제나 지극히 안락하며 깊은 선정(禪定)에 머물게 되고 모든 것을 다 악기(樂器)로 삼게 되는데, 오직 세 가지 면치 못할 병은 음식과 대소변과 늙어 죽는 것이다. 그곳 여자들은 오백 세가 되어야 시집가게 되느니라.

  그 나라에 시두말이라는 큰 성이 있는데, 성의 둘레는 사방이 일천삼백 유순이고, 높이는 7유순이니라.

  칠보장엄이 저절로 나타나며 칠보누각은 미묘하고 화려하게 장엄되느니라. 누각의 창문에는 아름다운 여인들이 줄지어 서서 진주그물을 손에 쥐고 다시 여러 가지 보배로 꾸민 노리개를 그 위에 덮고 보배방울을 빽빽하게 달아서 하늘나라의 음악처럼 아름다운 소리를 항상 울리느니라.

  또 칠보나무가 줄지어 서 있고 나무와 나무 사이에는 칠보로 이루어진 개울과 샘이 있느니라. 거기엔 빛깔이 서로 다른 물들이 찬란한 빛을 내면서 함께 흐르므로 서로 엇갈리게 되지만 조금도 막히거나 방해됨없이 천천히 흐르느니라.

  그곳에 복덕과 위력을 두루 갖춘 다라시기(多羅尸棄)라는 용왕이 있으니 연못 근처에 있는 그의 궁전은 칠보누각처럼 밖으로 드러나며, 한밤중에는 사람으로 변하여 상서로운 병에 향수를 가득 채워 땅 위에 뿌리느니라. 그래서 땅과 길은 모두 기름칠한 것처럼 윤이 나고 정갈하여 길을 다닐 때 조금도 먼지가 일지 않느니라.

  그때 사람들은 복덕이 많으므로 길거리나 그들이 있는 어느 곳이든지 밝은 구슬기둥이 있어 해와 같은 광명을 내는데 사방 80유순의 거리를 환히 비추어 주느니라. 황금빛 광명이 찬란하므로 낮과 밤의 구별이 없어지고 등불 같던 빛들은 먹빛처럼 까맣게 보이느니라.

바람이 때때로 불어와 밝은 구슬기둥을 스치면 보배영락(瓔珞, 구슬)이 비오듯 쏟아지는데 이 영락을 사람들이 입으면 삼선천(三禪天)13)과 같은 즐거움을 누리느니라.

곳곳마다 금·은·구슬 등 온갖 보배가 가득하여 산더미처럼 쌓이고 보배산에서는 광명이 늘 흘러 나와 성 안을 골고루 비추는데, 사람들이 이 광명을 만나면 다 기쁨에 넘치게 되고 보리심을 일으키게 되느니라.

또 발타바라사색가라는 큰 야차신(夜叉神)이 있는데, 이 신은 밤낮으로 시두말성과 그 도시에 사는 백성들을 보호해 주고 온 땅을 물뿌리고 쓸어 언제나 깨끗하게 하느니라.

그 나라에서는 대소변을 볼 때 땅이 저절로 갈라지며 마치고 나면 땅이 다시 합해지면서 붉은 연꽃이 피어나 더러운 것들을 가려 주느니라.

또 늙어 죽을 때가 되면 스스로 산 속에 들어가 나무 밑에 앉아 안락하고 깨끗한 마음으로 부처님을 생각하다 목숨을 마치면 대개 대범천이나 부처님 세계에 태어나느니라.

온 세상이 평화로워 원수나 도둑의 근심이 없고 도시

나 시골이나 문을 잠글 필요가 없으며 늙고 병드는 데 대한 걱정이나 물이나 불의 재앙이 없으며 전쟁과 굶주림이 없고 짐승이나 식물의 독해가 없느니라.

또 서로 자비한 마음으로 공경하고 모든 감관을 조복하여 자식이 어버이를 공경하듯 하고 어미가 아들을 사랑하듯 하며 언어와 행동이 지극히 겸손하니 이것은 다 미륵 부처님이 자비한 마음으로 깨우치고 이끌어 주시기 때문이니라.

살생하지 않는 계행(戒行)을 지켜 고기를 먹지 않으므로 저 세상 사람들의 감관은 조용하고 평온하며 얼굴 모습이 단정하고 위엄이 두루 갖추어져 하늘동자〔天童子〕와 같으니라.

이 밖에 갖가지 보배로 된 작은 성들이 수없이 많은데 시두말성은 그 한가운데 있어 작은 성들의 으뜸이 되느니라.

남녀 친족이 멀리 떨어져 있어도 부처님의 위신력으로 가까이 지내는 것처럼 서로 만나 보는데 아무 장애가 없다. 야광마니여의주꽃이 세계에 가득 차 칠보꽃·발두마꽃·우발라꽃·구물두꽃·분다리꽃·만다라꽃·마하만다라꽃·만수사꽃·마하만수사꽃 등을 비내리듯 하여 땅을 덮을 것이다. 그 위에 때때로 바람이 불어와 꽃들을 하늘에 나부끼게 하느니라.

그곳의 도시나 시골이나 연못·샘·개울·늪 등에는

여덟 가지 공덕을 갖춘 물〔功德水〕이 가득하느니라.

또 명명(命命)새와 거위, 오리, 원앙, 공작, 앵무, 물총새, 사리새, 목소리 고운 비둘기수리, 라기바샤, 바캐견조 등의 새들이 묘한 소리로 어여쁘게 노래할 것이다. 그리고 다른 수많은 새들도 어여쁜 목소리로 숲과 못에서 노래하며 떼지어 노느니라.

또 금빛 광명의 꽃·근심을 없애주고 지혜의 빛을 내는 꽃·희고 고운 꽃·여섯 가지 빛과 향기를 내는 담복꽃 등 땅과 물에서 자라는 백천만 꽃들이 푸른색에서는 푸른 광명을 내고 노란색에서는 노란 광명을 내며 흰색에서는 흰 광명을 내는데, 그 향기와 정결함이 비할 데 없고 광명과 향기는 밤낮으로 나와 조금도 시들거나 그치지 않을 것이다.

또 뜻대로 되는 과일나무가 있어 아주 좋은 향기가 온 나라에 가득하고 향나무의 금빛이 보배산 사이로 나와 온 나라를 비추어 뜻에 맞는 향기〔適意香〕를 펴느니라.

그때의 염부제는 향산(香山)에 사는 것처럼 좋은 향기가 진동하고, 시냇물은 아름답고 기묘하여 단맛이 나고 모든 병을 다 치료하게 하느니라.

때를 맞추어 비가 내리므로 하늘동산처럼 모든 것이 순조로와 향기로운 벼를 한 번 심어 일곱 번 거두게 되며 하늘의 신통으로 품은 적게 들고 수확은 많이 얻게 되느니라.

　모든 곡물은 무성하게 잘 자라고 일체의 잡초는 생기지 않으며 중생들은 본래 지은 복덕과 과보로 인해 곡식이 저절로 입에 들어가 소화되고 백 가지 맛이 나고 향기롭고 감미로워 기운이 나게 되느니라.

　그때 양거(穰佉)라는 전륜성왕이 있으니 무력으로 세상을 다스리지 않느니라. 그는 서른두 가지 대인의 상호〔三十二相〕를 지녔고, 또 혼자서 천 명을 이기는 용맹하고 단정한 천 명의 아들이 있어 모든 원수와 적은 그들 앞에 스스로 굴복하게 되느니라.

　양거왕에게는 일곱 가지의 진기한 보배가 있으니, 금수레 · 흰 코끼리 · 감색 말 · 아름다운 구슬 · 옥녀의 보배 · 곳간 맡은 신하 · 병사 맡은 신하가 그것이니라.

　첫째, 금수레는 일천 개의 바퀴 살〔輻〕과 통〔轂〕과 테〔輞〕를 다 갖추었으며 둘째, 흰 코끼리는 몸뚱이가 설산(雪山)처럼 희고 네 다리와 코와 어금니를 땅에 뻗치고 서 있으며 그 엄숙한 모습이 큰 산 같고 셋째, 감색 말은 갈기와 꼬리가 붉고 발굽 아래에서는 꽃이 피어나며 발굽과 발톱은 칠보로 되었느니라.

　넷째, 아름다운 구슬은 언제나 환하게 보이는 밝은 광채의 구슬인데 크기는 두 팔뚝 길이만 하고 그 광명으로부터 온갖 보배가 비처럼 내려 중생들의 원을 맞추어 주며 다섯째, 옥녀보배는 그 얼굴이 비할 데 없이 아름답고 묘하게 생겼으며 살결이 연하여 솜같이 부드럽고 뼈가 없는 듯 하니라.

여섯째, 보배곳간을 맡은 신하는 입으로 보배를 토하고 발 아래로 보배를 비내리듯 하며 양 손에서도 한없이 보배가 쏟아지느니라.

일곱째, 병사를 맡은 신하는 그 몸을 움직일 때마다 네 가지 군사가 구름처럼 허공에서 쏟아져 나와 천 명의 아들과 칠보와 국경과 백성을 어머니가 아들 사랑하듯 보살펴 주느니라.

그때 천 명의 왕자가 각각 진기한 보배로 궁전 앞에 칠보대를 세우는데 대의 높이는 삼십 유순이고 서른 겹 벽으로 되어 있으며, 천 개의 머리와 천 개의 바퀴를 달아 허공이나 어디나 마음대로 다니게 되어 있느니라.

또 네 개의 큰 보배곳간이 있는데 각각 사억 개의 작은 보배곳간으로 둘러싸여 있으니, 이발다라는 곳간은 건타라국(乾陀羅國)에 있고 반축가라는 곳간은 미제라국(彌提羅國)에 있고 빈가라라는 곳간은 수라타국(須羅咤國)에 있고 양거라는 곳간은 바라내국(婆羅柰國)의 신선이 살던 산에 있느니라.

이 네 개의 큰 곳간은 저절로 문이 열려 큰 광명을 나타내며 길이와 폭이 천 유순이고 보배가 가득히 들어 있느니라. 큰 보배곳간의 둘레에는 각각 사억 개의 작은 보배곳간이 싸고 있고 네 마리 큰 용이 수호하며 네 개의 큰 곳간과 수많은 작은 곳간이 저절로 솟아올라 연꽃 같은 모양을 보일 것이다. 또 사람들은 창고에 가득한 보배가 지키는 이도 없이 버려져 있는 것을 보나 조금도 탐하는 마음이 없어 오히려 돌이나 흙덩이처럼 여기며 싫어하는 마음을 일으켜 서로 이렇게 말하느니라.

'부처님께서 말씀하신 것처럼 옛날에 중생들이 이 보배에 집착해 서로 해치고 도둑질하고 거짓말하고 속여 생사 고뇌의 인연을 지었으며, 이렇게 거듭하여 업이 두터워지기 때문에 드디어 지옥으로 떨어진 것이구나' 라고.

시두말성은 보배의 그물로 그 위를 덮고 보배방울로 장엄하였으며 잔잔한 바람이 불어와 방울을 흔들면 화창하고 고운 종소리로, '부처님께 귀의하라, 부처님 법에 귀의하라, 승가에 귀의하라'는 법문을 울려줄 것이다.

이때 성중에는 수범마(修梵摩)라는 바라문의 지도자가 범마발제(梵摩跋提)라는 부인과 같이 살고 있는데, 부인의 성격이 매우 화순(和順)하고 부드러워 미륵보살이 그들을 부모로 삼아 태어나느니라. 미륵은 태중에 있을 때에도 도솔천 궁전에 있을 때와 다름없이 큰 광명을 내놓아 더러운 것에 장애되지 않느니라.

그리하여 붉은 금빛 나는 몸에 서른두 가지의 모습을

갖추고 태어나 보배연꽃 위에 앉으니 중생들은 아무리 쳐다보아도 지치거나 싫증냄이 없느니라.

몸에서 황홀한 광명이 흘러 나와 마주 쳐다볼 수 없나니 이것은 사람도 하늘도 일찍이 보지 못한 놀라운 광명이니라. 그 육신의 힘도 한량없어 마디마디의 힘이 용이나 코끼리보다 더하여 헤아릴 수 없느니라. 그리고 털구멍에서 내놓는 한없는 광명이 걸림없이 비추는데 이 광명 때문에 별이나 달은 물론 해, 불, 구슬 들의 빛이 드러나지 않고 티끌처럼 보이게 되느니라.

그 키는 석가모니 부처님의 팔십 팔뚝이나 되고 가슴 둘레는 이십오 팔뚝이며 얼굴 길이가 십 팔뚝 반이고 코는 곧고 우뚝하게 솟았으며 몸매는 단정하기 짝이 없이 온갖 상호(相好)를 갖추었으며 낱낱의 상에는 팔만 사천의 좋은 모습으로 각각 장엄하여 온몸이 금불상과 같으리라.

또 팔만사천 낱낱의 좋은 모습에서도 광명이 흘러 나와 천 유순이나 멀리 비치고 그 눈은 맑고 깨끗하여 푸른 동자와 흰자위가 분명하며 광명이 항상 몸을 둘러 백 유순의 둘레를 덮으며 해, 달, 별, 진주, 구슬과 칠보로 된 나무들이 다 밝게 빛나지만 부처님의 광명이 한 번 나타난 뒤로는 다른 광명은 모두 소용없게 될 것이다. 미륵불의 몸이 높이 드러나 황금산 같으니, 보는 이는 누구나 세 가지 나쁜 곳(三惡道)[14]을 벗어나게 되느니라.

그때 미륵보살은 세간 중생들이 오욕의 죄악과 근심으로 고통을 받고 생사의 고해에 빠져 헤매는 모습을 보고 매우 가련하고 불쌍하게 여기어 모든 것이 다 괴롭고 헛되고 덧없는 이치를 관찰하느니라.

그리하여 세속에 있기를 즐기지 아니하고 속가의 핍박을 싫어하여 감옥처럼 여기리라.

그때 양거왕이 모든 대신과 백성을 이끌고 칠보대에 있는 천 개의 보배장막과 천 개의 보배난간과 천억 개의 보배방울과 천억 개의 보배깃발〔幡〕과 천 개의 보배그릇과 천 개의 보배항아리를 가지고 와서 미륵보살에게 바치리라. 미륵보살은 이것을 받아 여러 바라문에게 주리니 바라문들이 이것을 받으면 곧 파괴되어 각기 흩어지느니라. 바라문들은 미륵보살의 위대한 보시를 보고 기이한 마음을 일으키리라.

미륵보살은 이 보배누대가 잠깐 사이에 덧없이 부서지는 것을 보고 세상의 하는 법〔有爲法〕[15]이란 다 사라지고 없어지는 것임을 다시 한 번 깨닫고, 덧없다는 생각에 깊이 잠겨 과거세의 부처님들께서 말씀하신 감로 같은 게송으로 찬탄하느니라.

이 세상의 모든 것 덧없음이여,
그것은 나고 죽는 생멸법인가.

나고 죽음 다하여 없는 데 가면
고요하고 하염없는 참 낙이 있네.

이 게송을 읊고 곧 출가하여 금강장엄 도량인 용화보리수 아래 앉아 도를 닦으리라. 그 나뭇가지는 보배용처럼 백 가지 보배꽃을 토해 내나니 그 꽃잎들은 일곱 빛깔의 보배빛을 내고 각각 다른 빛깔의 열매가 열려 중생들의 뜻을 맞추어 주는데 그 기묘함은 하늘·인간 어디에도 비길 수 없느니라.

미륵보살이 출가할 적에 많은 바라문을 이끌고 용화도량에 가면 저절로 머리털이 깎여져서 집을 잊고 도를 닦아 이른 새벽에 집을 나와 그 날 초저녁에 네 마귀를 항복시키고 아뇩다라삼먁삼보리[16]를 이룬 뒤 게송으로 이렇게 말하리라.

중생고 생각한 지 오래였거니
벗겨주지 못해서 안타까웠다.
내 이제 보리를 증득했거니
활연히 아무것도 걸림없구나.

중생이 본래 공한 것
바탕의 실다움을 또한 알았고
근심과 괴로움 전혀 없으며

자비에 또한 인연없으랴.

내가 그대들을 구제하고자
나라와 머리와 눈이며
처자와 팔다리 온갖 것들을
수없이 사람에게 보시했도다.

그래서 이제 해탈을 얻고
위없는 열반을 성취했으니
감로의 밝은 법문 연설하여서
암흑의 그대들을 인도하리라.

이같은 큰 과보 얻음은
보시·계율·지혜·인욕·선정·정진
여섯 가지 바라밀로 인연함이며
크고 또 큰 자비를 행하였기에
물듦 없는 큰 공덕을 성취하였네.

게송을 읊고 미륵불이 묵묵히 앉아 있을 때, 모든 하늘과 용, 귀신왕들이 그 몸을 드러내지 않고 네 가지 꽃비를 내려 부처님께 공양 올리리라. 그때 삼천대천세계가 여섯 가지로 진동하고 미륵불 몸에서 무한한 광명이 흘러 나와 온 세계를 비추리라. 이때 제도될 중생들은 다 부처님을 볼 수 있느니라.

또한 석제환인(釋帝桓因, 제석천), 호세천왕(護世天王)과 대범천왕(大梵天王)과 무수한 하늘임금들이 저 꽃동산에서 머리숙여 미륵불의 발 아래 절하고 합장하여 법의 수레 굴리기를 청하면, 미륵불은 묵묵히 허락하고 이렇게 말씀하시리라.

'내가 생사의 긴 어둠 가운데 고뇌 속을 헤매다가 육도(六度)[17]를 닦아 오늘에야 법의 바다를 가득 채워 법의 깃대를 세우고 법의 북을 울리고 법의 나팔을 불어 법의 비가 내리게 되었으니, 마땅히 너희들을 위해 법을 설하리라.

모든 부처님께서 말씀하신 팔성도(八聖道)는 하늘이나 인간이 전할 수 없고 알 수 없는 것이다. 그 진리는 평등하고 두루한 것이어서 더 위없이 높고 하염없는(無爲) 열반경계(寂滅)에 도달하여 생사의 긴 어둠 속을 헤매던 중생들의 고뇌를 끊어 주느니라. 이 법이 심오하여 얻기도 어렵고 들어가기도 어려우며 믿기도 어렵고 알기도 어려워 온 세상에 능히 알 사람도 없고 볼 사람도 없을 것이며, 오직 마음의 때를 남김없이 닦아 없애야만 저 억만 가지의 거룩한 행을 얻을 수 있느니라.'

미륵불이 이렇게 말씀하실 동안 다른 세계의 수많은 백천만억 하늘남자와 하늘여인과 대범천의 왕들이 하늘궁전을 타고 와서 하늘꽃과 하늘향을 부처님께 바치고 부처님 주위를 백천 바퀴 돌고 땅에 엎드려 절한 다음 합장하며 부처님께 설법해 주시기를 청하리라.

그때 하늘나라의 여러 가지 악기들은 저절로 울리고 모든 범왕들은 한소리로 다음과 같은 게송을 읊으리라.

한량없이 먼 세상에
부처님 안 계시어
무수한 중생이
악도에 떨어졌으며

세간의 눈[目] 없었고
삼악도만 늘어가며
하늘나라 가는 길은
아주 끊겼나이다.

부처님 이제 오시니
삼악도는 소멸되고
인천의 길 열리리니
지상낙원 이루리다.

지극히 원하오니
감로법문 설해 주시와

중생의 애착심 끊어 주시고
열반 얻게 하여 주소서.

저희들 범천왕이
대법왕님 뵈온 뒤로
궁전이 더 화려하옵고
저희 몸의 광명 또한 더하옵니다.

시방 중생 진정 위해
도사(導師)님께 간청하오니
감로법문 여시어
법의 수레를 굴려 주소서.

　게송을 마치고 머리를 조아려 절한 뒤 합장하고 은근히 다시 세 번 간청하리라.
　'오직 원하나이다. 세존이시여, 깊고 미묘한 불법을 말씀하시와 중생의 고뇌의 뿌리를 뽑아 주시고 삼독(三毒)[18]을 여의게 하오며 네 가지 악도(四惡道)[19]의 모든 나쁜 짓을 깨뜨려 주시옵소서.'
　그때 세존은 모든 범왕들을 위해 미소지으며 다섯 가지 광명을 내놓고 묵묵히 허락하리라.
　그리하여 모든 하늘사람들과 한량없는 대중이 부처님께서 설법을 허락해 주심을 보고 기뻐 춤추고 뛸 것인데, 그 좋아하는 모습은 마치 지극한 효자가 숨이 끊어진 부모가 다시 되살아났을 때에 기뻐하는 것 같으니라. 환희에 넘친 하늘대중들은 부처님을 오른쪽으로 돌고돌면서 공경 사모하기를 한없이 하다가 각각 한쪽에 물러 앉아 있었다.

그때 대중들은 이렇게 생각하리라.

'비록 천억 년을 두고 다섯 가지 욕락[五欲樂][20]을 채운다 하여도 마침내는 삼악도를 면치 못하리라. 부모·형제·처자·재산으로도 어찌할 수 없고 세상 모든 것은 애오라지 덧없는 것이니 목숨도 오래 보존할 수 없는 것이로다. 내 이제 부처님의 법에 의존하여 깨끗한 수행을 닦으리라.'

다시 또 생각하기를,

'비록 수없는 세월을 두고 다섯 가지 욕락을 즐기어 색계 사선천(四禪天)의 무상천(無想天)과 같은 수명을 누리면서 아름다운 시녀(侍女)들과 즐거이 놀며 부드러운 살결과 고운 몸의 욕락을 마음대로 즐긴다 하더라도 마침내는 늙고 죽어 없어지는 것이며, 다시 삼악도에 떨어져 한량없는 고통을 받지만 빠져나올 길이 없을 것이니 중생의 세계는 이같은 무서운 고통을 벗어날 수 없는 것이 아닌가?

내 이제 부처님을 만나 뵈옵게 되었으니 부지런히 정진하리라' 하느니라.

그때 양거왕이 큰 목소리로 찬탄하였다.

하늘나라 즐거움도 다할 때에는
지옥의 불길 속에 떨어지리니
우리도 어서어서
출가하여 부처님 법 배우세.

게송을 마치고 양거왕은 팔만사천 대신과 함께 부처님을 공손히 둘러쌀 것이며, 사천왕은 전륜왕을 보내어 화림원 용화수 밑에 계신 미륵불을 찾아 뵈옵게 할 것이다.

전륜왕이 미륵불을 뵙고 세속을 떠나 불법을 배우려는 생각으로 부처님께 절하고 나면, 머리를 들기도 전에 머리털과 수염이 저절로 떨어지고 가사(袈裟)가 입혀져 사문이 되느니라.

미륵불은 양거왕과 팔만 대신과 여러 비구들이 공손히 둘러싼 가운데 하늘·용 등 팔부신중을 데리고 그 나라의 서울인 시두말성에 들어가리니, 부처님이 발로 성의 문지방을 밟자마자 갑자기 사바세계가 여섯 가지로 크게 진동하리라. 그때 염부제의 땅은 금빛으로 변하며, 시두말성의 중앙은 금강(金剛)으로 변하고, 과거 여러 부처님들이 앉으셨던 뭇 보배나무들이 줄지어 솟아오르며, 하늘로부터 커다란 보배꽃이 쏟아지고 용왕들은 여러 가지 악대를 꾸미어 연주하고 입으로 갖가지 꽃들을 뱉으며 온몸의 털구멍으로도 많은 꽃비를 내려 부처님께 공양 올리리라.

　미륵 부처님이 이 자리에서 법〔正法〕을 설하리니 이른바 온갖 것은 늘 괴로운 것이라는 진리〔苦聖諦〕, 모든 괴로움의 원인은 번뇌라는 진리〔集聖諦〕, 괴로움을 여읜 열반에 대한 진리〔滅聖諦〕와 열반에 도달하는 수도의 진리〔道聖諦〕를 설하리라.

　또한 깨달음을 성취하는 법〔三十七助道品〕[21]을 말씀하시고 무명(無名)으로 인하여 행(行)이 있고, 행으로 인하여 식(識)이 있고, 식으로 인하여 명색(名色)이 있고 명색으로 인하여 육입(六入)이 있으며, 육입으로 인하여 촉(觸)이 있고, 촉으로 인하여 수(受)가 있고, 수로 인하여 생(生)이 있으며, 생으로 인하여 노(老)·사(死)·근심·슬픔·괴로움 등이 생기는 십이인연(十二因緣)의 진리를 말씀하느니라.

　그때 땅이 여섯 가지로 크게 진동하여 삼천대천세계를 울리며 그 울리는 소리가 한량없이 퍼지면서 아래로는 아비지옥까지 들리고 위로는 색구경천(色究竟天)까지 들리리라. 그때 사천왕들은 수많은 귀신들을 이끌고 와서 큰 소리로,

　부처님의 태양 빛날 때

진리의 감로내리니
세간의 눈이
이제야 열리었네.

온 세계의 팔부대중이여,
우리도 부처님께 인연있어
부처님의 높은 법문
이제야 듣고 알게 되었네.

라고 외칠 것이다. 또 삼십삼천(三十三天)과 야마천(夜摩天)과 도솔타천(兜率陀天)과 화락천(化樂天)과 타화자재천(他化自在天)과 대범천이 각각 자기가 다스리는 국토에서 큰 소리로 말하리라.

부처님의 태양
이 세상에 나오사
감로의 법비를 내려 주시니
세상의 눈이 이제야 열렸네.
인연있는 모든 중생
누구든 듣고 알고 기뻐하리라.

또 모든 용왕과 팔부신중(八部神衆)·산신(山神)·나무신〔樹神〕·약초신(藥草神)·물신〔水神〕·바람신〔風

神〕·불신〔化神〕·땅신〔地神〕·성신〔城神〕·집신〔屋宅神〕들도 기뻐 날뛰며 큰 소리로 외칠 것이다.

또 총명하고 지혜로운 수많은 바라문들이 불법에 귀의하여 세속을 버리고 도를 닦으리라. 또 수달나(須達那)라는 장자가 있으니, 이는 바로 지금의 수달 장자로서 이 사람도 팔만사천 사람과 함께 세속을 버리고 도를 배우리라. 또 이사달다와 부란나 형제도 팔만사천 사람과 함께 출가하리라. 또, 임금이 매우 사랑하는 신하인 범단말리(梵檀末利)와 수만나(須曼那)는 팔만사천 사람과 함께 부처님 법에 귀의하여 세속을 버리고 도를 배우리라.

이와 같이 한량없는 중생들이 오음(五陰)[22]의 치성으로 시달리는 세속의 괴로움을 관찰하고 모두 미륵 부처님의 거룩한 법에 귀의하여 출가하게 되느니라.

그때 미륵 부처님이 큰 자비심으로 대중에게 이렇게 말씀하리라.

'너희들이 이제 하늘나라의 즐거움과 인간 세상의 즐거움을 다 원하지 않고, 내 처소에 와서 오직 생사의 괴로움을 여읜 열반(깨달음)을 얻기 위해 부처님의 법에 돌아왔음은 다 전세의 부처님 법에 귀의하여 갖가지 선근을 심은 공덕이 있기 때문이로다.

일찍이 석가모니 부처님께서 다섯 가지 탁한 악세〔五濁惡世〕[23]에 출현하시어 가지가지로 꾸짖고 채찍질해 주시며 그대들을 위해서 법을 말씀해 주셨음에도 불구하고 그대들은 어떻게 할 수 없었으므로 다만 오늘날 나를 만날 수 있도록 내세의 인연만을 심어 주시었느니라. 그리하여 내가 이제 그대들을 거두어 교화하는 바니라.

이들 가운데 어떤 사람은 경전을 읽고 외우고 해득하고 계율(戒律)과 논장(論藏)[24]을 익혀서 남을 위해 연설해 주고 그 깊은 뜻을 찬탄하며, 질투심을 내는 일이 없이 오직 남에게 잘 가르쳐 주어서 불법을 지니게 한 공덕으로 오늘날 나의 처소에 태어났으며, 또 어떤 사람은 옷과 음식을 남에게 보시하고 계행과 지혜를 닦는 등의 공덕을 쌓았으므로 오늘날 나의 처소에 태어났으며, 또 어떤 이는 악기와 기와·일산·향·꽃·밝은 등불 등을 부처님께 공양한 공덕으로 오늘날 나의 처소에 태어났으며, 또 어떤 이는 승가(僧伽)에 음식을 보시하고 정사(精舍)를 세우며 의복·음식·의약·침구 등의 네 가지 공양을 하고 팔재계(八齋戒)를 지키고 자비심을 닦아 기른 공덕으로 오늘날 나의 처소에 태어났느니라.

어떤 이는 중생이 괴로움을 당하는 것을 보고 깊은 자비심을 일으켜 스스로 그 괴로움을 대신 받고 저들에게 즐거움을 돌려준 공덕으로 오늘날 나의 처소에 태어났으며, 어떤 이는 인욕과 계행을 지키고 깨끗하고 자비로운 마음을 길러서 오늘날 나의 처소에 태어났으며, 또 어떤 이는 가는 곳마다 힘닿는 대로 절을 세워서 재계하고 강설(講說)하는 법회를 열며 대중에게 공양을 올린 공덕으로 오늘날 나의 처소에 태어났으며, 또 어떤 이는 계를 지키고 법문을 많이 듣고 선정을 닦아 번뇌의 흐름이 없는 지혜를 익힌 공덕으로 오늘날 나의 처소에 태어났으며, 어떤 이는 탑을 세우고 사리를 공양하며 부처님의 진리의 몸〔法身〕을 생각한 공덕으로 오늘날 나의 처소에 태어났느니라.

어떤 이는 재액과 가난, 고독 등의 괴로움을 받는 사람이나 다른 사람에게 얽매이고 국법의 속박을 받거나 형벌을 당하여 죽게 되었거나 여덟 가지 재난〔八難〕을 불러오는 업을 지어서 큰 괴로움을 받는 중생들을 보고 저들의 고통을 구제하여 벗겨준 공덕으로 오늘날 나의 처소에 태어났으며, 어떤 이는 은혜가 있고 사랑이 있는 사람들끼리 서로 이별하거나 떼를 지어 다투고 송사를 일으키어 큰 고통을 받는 중생들을 보고 좋은 방편으로 화합시켜 준 공덕으로 나의 처소에 태어났느니라.'

미륵 부처님은 또 석가모니 부처님을 이렇게 찬탄하리라.

'거룩하시도다. 다섯 가지 탁한 악세에서 백천만억 온갖 악한 중생들을 교화하시어 그들로 하여금 착한 근

본을 닦아 오늘날 나의 처소에 나게 하시었도다.'

　잘 참고 용맹하신 도사님이시여,
　다섯 가지 탁한 저 세상에서
　악한 중생 교화하시어
　오늘날 나의 앞에 인도하셨네.

　중생들의 괴로움 대신하였고
　이제는 열반에 드시었지만
　저들을 내 처소에 오게 하시니
　네 가지 큰 진리〔四諦法〕[25]를 연설하리라.

　서른일곱 깨닫는 법〔三十七助道法〕과
　열반길 장엄하는 십이인연을
　너희를 위해 연설하리니
　무위법을 관찰하고 열반에 들라.

　게송을 읊고 나서는 다시 또 이렇게 찬탄하리라.
　'저때의 중생들로 하여금 괴롭고 악한 세상에서 하기 어려운 일을 하게 하셨으며, 탐욕과 성내는 마음과 어리석고 미혹되고 단명한 저 세상 사람들로 하여금 계를 지니고 도를 닦아 모든 공덕을 짓게 하셨으니 매우 어렵고 드문 일이로다.

그때의 중생들은 부모와 사문과 바라문을 알지 못하고 도와 법을 알지 못하며 서로 헐뜯는 마지막 세상[刀兵劫]이 가까워오는 때여서, 다섯 가지 욕망에만 깊이 집착하여 질투하고 아첨하고 거짓되고 간사하고 불쌍히 여기는 마음이 조금도 없으며, 서로 죽이고 피를 마시고 고기먹기를 즐겨 하였느니라. 스승도 공경할 줄 모르고 좋은 벗도 사귀지 않으며 은혜도 갚을 줄 모르는 다섯 가지 탁한 세상에 태어난 저들은 부끄러운 것도 없이 밤낮으로 악한 짓을 계속하면서도 조금도 거리낌이 없었다.

그리하여 오역(五逆)의 죄를 한없이 지어 고기 비늘처럼 죄가 잇달아 붙어 있지만 잠깐도 싫증내는 마음이 없으며, 구족(九族)과 친척 사이에도 서로 구제하는 일이 없는 말세였는데, 석가모니 부처님께서 거룩한 방편과 깊은 자비심으로 괴로움이 들끓는 저 중생계에 들어가시어 화평한 얼굴과 자비한 모습을 나투시고 묘한 지혜와 실다운 말씀으로 내가 장차 그대들을 제도할 것을 미리 보여 주시었느니라. 부처님의 이렇게 밝고 날카로운 지혜는 세상에는 있을 수 없는 일이며, 심히 만나기 어려운 일이로다.

부처님께서 악세의 중생을 매우 불쌍히 여기시어 그 괴로움을 없애주시고 마음을 편히 쉬게 해서 가장 깊은 절대의 법성(法性)[26]에 들어가도록 하시었도. 석가모니 세존께서 삼 아승지겁(三阿僧祇劫)²⁷⁾을 두고 그대들을 위해 머리를 보시하고 귀·코·손·발과 몸뚱이를 찢어 보시하는 등 온갖 괴로움을 받으셨지만 이것은 오직 그대들로 하여금 거룩한 여덟 가지 진리의 길〔八聖道〕을 밟아 해탈을 얻게 하기 위함이었느니라.'

미륵 부처님이 이러한 말씀으로 한량없는 중생들을 위로하여 한없이 기쁘게 하시니, 저 세상의 중생들은 그 몸이 그대로 순수한 법의 마음이어서 입으로 항상 법을 설할 것이며, 복덕과 지혜를 갖춘 이가 가득하며 하늘사람들이 공경하는 마음으로 목마른 이가 물을 구하듯 부처님 법을 신앙하고 받아 지니리라.

그때 부처님이 저들에게 그들이 옛날에 받았던 괴로움을 돌려주시려고 이렇게 생각하리라.

'다섯 가지 욕심은 깨끗하지 못한 것으로서 모든 괴로움의 근본이니 이제 근심 걱정과 원한을 없애고 괴롭고 즐거운 세속법〔苦樂法〕이 다 덧없는 것임을 알게 하리라.'

이러한 생각을 하시고, 색·수·상·행·식(色受想行識)이 다 괴롭고〔苦〕, 공하고〔空〕, 덧없고〔無常〕, 내가 없는〔無我〕 이치임을 설하느니라.

이때 96억 사람이 번뇌를 여의고 어떤 법에 구애됨 없이 아라한이 되어서 세 가지 밝은 지혜와 여섯 가지 신통을 얻고 여덟 가지의 해탈을 갖추게 되며, 36만 명의 하늘사람과 20만 명의 하늘여인이 최고의 깨달음을 얻고자 하는 마음을 일으키느니라.

그 밖에 하늘·용 등의 팔부신중 가운데에도 수다원(須陀洹)을 얻은 자와 벽지불(辟支佛)[28]이 될 인연을 심은 자와 위없는 도심을 일으킨 자가 헤아릴 수 없느니라.

그때 미륵 부처님이 96억 명의 거룩한 비구와 양거왕의 팔만사천 대신과 모든 권속들에게 둘러싸이니 그 모습은 달이 뭇 별 속에 싸인 것 같으리라. 미륵 부처님이 이렇게 시두말성으로부터 다시 화림원(花林園)의 층층으로 된 누각 강당에 돌아오시면 염부제 여러 나라의 성과 시골에 있는 작은 나라의 임금과 장자들과 아래 네 계급의 인민들이 다 용화수 아래에 있는 꽃동산으로 모이느니라.

저 동산에서 부처님이 거듭 네 가지 진리〔四諦〕와 십이인연법을 설하시리니, 이때 역시 94억 사람이 아라한도(阿羅漢道)[29]를 얻고, 다른 세계에서 온 모든 하늘과 팔부신중과 64억의 무수한 사람들이 모두 깨달음을 얻고자 하는 마음을 일으키어 물러남없는〔不退轉〕 경지에 들 것이다.

또 세번째 법회에서도 92억 사람이 아라한도를 얻고 34억의 하늘과 팔부신중이 삼보리심을 일으키느니라.

미륵 부처님이 네 가지 진리의 깊고 묘한 법을 설하

시어 하늘과 사람들을 제도하시고 여러 성문 제자와 하늘·용의 팔부신중과 온 대중을 이끌고 성 안에 들어가서 탁발하시면 수많은 정거천(淨居天)의 대중들이 부처님을 공경하여 뒤따르리라.

그때 부처님께서 열여덟 가지 신통을 나투어 몸 아래에서는 마니구슬처럼 보이는 물이 나와서 광명의 대(臺)로 변하여 시방세계를 비추며 몸 위로는 불이 나와 수미산처럼 높이 솟고 불에서는 자금빛의 광명이 흘러 나와 허공 가운데 가득하리니, 이것이 다시 유리로 변하며 큰 것이 다시 작게 변하여 겨자씨만 하다가 아주 보이지 않게 되느니라. 또 부처님의 몸은 시방세계에 나타났다 없어졌다 해서 모든 사람들로 하여금 몸이 다 부처님의 몸으로 보이도록 하며, 이러한 가지가지의 신통을 한없이 나투심으로 인연이 있는 모든 사람으로 하여금 다 해탈을 얻게 하느니라.

그리하여 석제환인(釋帝桓因, 제석천)과 이십(二十) 대신과 욕계의 모든 하늘임금과 범천의 하느님과 색계의 모든 하늘임금과, 하늘사람, 하늘여인들이 하늘나라의 영락과 하늘옷을 벗어서 부처님의 머리 위에 뿌려 공양 올리면, 그 하늘옷들은 꽃일산(花蓋)으로 변하느니라. 또 하늘나라의 온갖 악기들이 저절로 울려서 부처님의 거룩하신 덕을 노래로 찬송하며, 전단향을 비내리듯 하여 부처님께 공양 올리느니라. 또 온 거리와 언덕과 길가에는 온갖 기들을 세웠고 이름있는 갖가지 향을 살라 온 성 안에 그 연기가 구름처럼 떠 있느니라.

부처님께서 성 안에 들어서실 때에 범천의 하느님과 도리천의 석제환인이 공손히 합장하고 부처님을 찬양하느니라.

바르고 두루 아시는 세존이시여,
하늘에나 인간에나 견줄 이 없는
열 가지 힘 세존이여, 희유하셔라
위없이 거룩하신 복밭이시여.

공양 올리는 이 하늘나라에 태어나고
이 다음 미래세에 열반락을 받나니
큰 정진 쌓은 님께 귀명합니다.
자비하신 도사님께 귀명합니다.

또 동방천왕인 제두나타와 남방천왕인 비루륵차와 서방천왕인 비류박차, 북방천왕인 비묘문왕이 그 권속들과 함께 공손히 합장하고 깨끗한 마음으로 세존을 이렇게 찬탄하리라.

삼계에 견줄 이 없고
큰 자비로 장엄하신 님,

최상의 진리를 체득하시고
중생의 성품이 어떠하거나
모든 법상을 보지 않으시고
다같이 공적성(空寂性)에 들게 하셨네.

아무것도 없는 데 옳게 머무시며
비록 큰 정진을 행할지라도
하염없고 자취도 없나니,
내 이제 머리 숙여 경례합니다.

자비하신 큰 도사시여!
중생이 부처님을 뵈올 줄 몰라
생사의 길고긴 밤 거듭하올 뿐
삼악도 험한 길을 돌고 또 돌며
때로는 여자의 몸 받았나이다.

오늘날 부처님이 출현하시어
괴로움을 벗겨 주고 안락을 베푸시니
삼악도는 이미 줄어들고
여인도 아첨과 삿된 맘 없고
다들 안식처를 얻으오리다.

더없는 열반락을 갖추시옵고

자비로 괴로움 건지시는 이
저희에게 안락을 주시기 위해
이 세상에 일부러 오셨나이다.

세존이 보살행을 닦으실 적에
일체의 즐거운 일 보시하셨고,
살생이나 해치는 일 안 하셨으니
오직 대지처럼 참으셨나이다.

자비하신 큰 장부시여,
나고 죽는 괴로움 벗어나시어
중생의 온갖 액난 뽑아 주시오니
불 속에 솟아오른 연꽃이라
세간에 견줄 이 없사옵니다.

　이렇게 게송으로 찬송하는 가운데, 부처님께서는 차례로 공양을 얻어 가지고 여러 비구들을 이끌고 제자리〔本處〕에 돌아와 깊은 선정에 드시어 칠일 칠야를 움직이지 않느니라.
　미륵 부처님의 제자들은 하늘사람처럼 안색이 조용하고 단정하며, 나고 병들고 죽음을 싫어하고, 또 많이 듣고 널리 배우고 법을 잘 지키고 선정을 잘 닦아서 새끼새가 알을 깨고 나오듯 저들도 온갖 욕심을 벗어나느니라.

 그때 석제환인과 욕계의 모든 하늘·사람들이 기뻐 어쩔 줄 모르고 높이 뛰며 게송으로 찬탄하기를,

  세간의 의지이신 큰 도사시여,
  지혜로 온 누리를 밝게 보시고
  하늘을 뛰어넘은 지혜공덕과
  온갖 것 다 갖추신 복밭입니다.

  원컨대 저희 무리 생각하시와
  제자들 이끄시고 저 산에 가시어
  석가모니 부처님의 수제자이신
  고행제일 마하가섭께 공양 올리고,

  지난 날 부처님의 가사를 뵈오며
  옛적의 부촉하신 법문을 듣고
  전생에 지은 악업 참회하옵고
  깨끗한 선근공덕 얻게 하소서.

 그때 미륵 부처님이 사바세계에서 전생에 뛰어난 중생들과 큰 제자들을 이끌고 기사굴산으로 가리라.
 그 산 밑에 이르러 조용한 걸음으로 천천히 낭적산(狼跡山)의 산마루에 오르시어 엄지발가락으로 산을 누

르면 온 땅이 열여덟 가지로 울리며 산마루에 오른 미륵 부처님은 전륜왕이 성문을 여는 것처럼 힘들이지 않고 기사굴산을 손으로 쪼개서 두 쪽으로 열어 놓으리라.

그때 범천왕은 하늘의 향기름을 가지고 와서 마하가섭의 이마와 몸에 뿌리고 나서 큰 목어를 치고 큰 소라 나팔을 불리라. 그러면 마하가섭이 곧 모든 생각을 없애고 번뇌가 없는 고요한 선정〔滅盡定〕으로부터 깨어나 옷을 바로 하고 오른 어깨를 드러내고 오른 무릎을 땅에 대고 왼쪽 다리를 세워 꿇어앉은 뒤, 합장하고 석가모니 부처님의 가사를 미륵 부처님께 올리면서 이렇게 사뢰느니라

'큰 스승이신 석가모니·여래·공양 받을 이〔應供〕·다 옳게 깨달은 이〔正遍知〕께서 열반에 드실 적에 이 법복을 저에게 주시면서 미륵세존님께 드리도록 말씀하셨나이다.'

이 말을 듣고 대중들이 부처님께 사뢰리라.

'어찌하여 이 세상에 사람 머리를 가진 버러지가 이 산꼭대기에서 추하고 작은 몸에다 사문의 옷을 입고 지금 부처님께 예배를 드리고 공경하는 것이옵니까.'

이때 미륵 부처님이 큰 제자들에게 '이 사람을 그렇게 가볍게 보지 말라'고 꾸짖으시고 게송으로 이렇게 찬탄하리라.

허울 좋은 공작새 보기에는 좋지만
매, 솔개의 먹이됨을 피할 수 없고
흰 코끼리 억센 힘은 한량없지만
조그만 사자에게 잡아 먹히네.

크기로야 용의 몸을 당할 수 없지만
때로는 금시조에게 잡아 먹히네.

큰 자비를 행하였기에
때로는 여자의 몸 받았나이다.
인욕의 도사님께 예경합니다.

사람도 또한 그러하니
크고 단정하고 흰 얼굴을 자랑하지만
칠보병 속에 똥을 담은 듯
더럽고 추한 실상 이루 말할 수 없네.

여기 앉은 저 사람이 몸은 작지만
지혜가 황금같이 단련되었고
번뇌의 묵은 티끌 다 없어져서
생사의 괴로움을 벗어났도다.

불법을 보호하려 기다렸으며

하기 힘든 뭇 고행을 항상 닦아서
하늘이나 사람 중에 뛰어났으니
누구라도 그의 고행 짝할 수 없네.

일찍이 석가모니 부처님께서
유법을 오늘 내게 전하였으니
마땅히 너희들은 한마음 다해
합장하고 공경하여 경례하여라.

　미륵 부처님은 다시 여러 비구들에게 이렇게 말씀하리라.
　'석가모니 세존께서 다섯 가지 탁한 세상에 나시어 중생들을 교화하시었는데 천이백오십 인의 비구 가운데 가섭 존자는 고행닦기로 제일이었느니라. 그의 몸은 금빛이었고 그 아내도 금빛 몸의 미인이었지만, 이 존자는 출가하여 오로지 도를 닦았으며 밤낮으로 정진하기를 머리에 붙은 불을 끄듯 하였고 가난하고 천한 중생들을 언제나 불쌍히 여겨서 행복하게 살도록 제도하여 준 거룩한 존자로서, 다만 법을 위하여 아직까지 이 세상에 머물러 있었느니라.'
　미륵 부처님이 이렇게 말씀하시면 온 대중들은 다 가섭에게 예경하리라.
　그때 미륵 부처님이 석가모니 부처님의 승가리를 받

아서 오른손에 놓으니 겨우 두 손가락을 가릴 정도이고 왼손을 덮어도 역시 두 손가락을 가릴 정도이어서 모든 사람들이 괴이하게 여기니 부처님이 이렇게 탄식하리라.

'먼저 부처님의 몸이 저렇게 작았음은 다 그대 중생들의 업이 혼탁하고 교만하였기 때문이었도다' 라고.

미륵 부처님은 가섭 존자에게 말씀할 것이다.

'그대가 신족통(神足通)[30]을 나타내고 먼저 부처님의 경법(經法)을 설하도록 하라.'

그러면 마하가섭은 몸을 허공에 날려서 열여덟 가지의 신통변화를 보일 것이니, 혹 큰 몸을 나투어 허공을 가득하게 채우기도 하고, 큰 몸을 갑자기 아주 작은 꽃다지씨(겨자과에 속하는 작은 씨)만하게 나투기도 하며, 또다시 작은 몸을 크게 나타내기도 하며, 몸 위에서는 물이 솟아오르고 몸 밑에서는 불꽃이 흘러 나오기도 하리라.

땅을 밟는 것이 물을 밟고 가는 것 같기도 하고 물을 밟는 것이 땅을 밟고 가는 것 같기도 하며, 허공 가운데 앉고 눕기도 하며, 동쪽에 솟았다가 서쪽에서 없어지기도 하고 서쪽에 솟았다가 동쪽에서 사라지기도 하며, 남쪽에 나타났다가 북쪽에서 없어지기도 하고 북쪽에 나타났다가 남쪽에서 없어지기도 하며, 변두리에 나타났다가 중앙에서 사라지기도 하고, 중앙에 나타났다가 변두리에서 사라지기도 하며, 위에 나타났다가 아래서 사라지기도 하고 아래에서 생겼다 위에서 꺼지기도 하며, 허공 가운데 유리굴을 만들기도 할 것이다.

또 부처님의 위신력에 힘입어 법(法)의 소리로 석가모니 부처님께서 말씀하신 십이부 경전을 설하리니, 설법을 듣고 난 대중들은 일찍이 듣도 보도 못했던 가섭존자의 신통과 법문을 기이하게 생각하고 80억 인이 번뇌의 티끌을 여의고 생사의 얽매임을 벗어나서 모든 법 가운데 있으면서 모든 법의 얽매임을 받지 않는 아라한이 될 것이며 한없는 하늘사람들도 보리심을 일으키느니라.

그때 가섭 존자는 미륵 부처님 주위를 세 번 돌고 허공으로부터 땅에 내려와 부처님께 절하고 말하기를,

'함이 있는 모든 법[有爲法]은 다 덧없는 것입니다' 할 것이다. 그리고 그곳을 떠나 기사굴산의 제자리로 돌아갈 것이며, 곧 그 몸에서 저절로 불이 일어나 열반에 드느니라.

저 대중들은 그의 사리를 거두어 산꼭대기에 탑을 세우며 미륵 부처님은 이렇게 찬탄하리라.

'큰 비구 가섭이여, 석가모니 부처님께서 항상 온 대중 가운데 고행이 제일이라 찬탄하시었고 선정을 잘 통달하여 해탈삼매를 얻은 이라 찬탄하셨나니, 그대는 비록 위대하고 신비로운 힘[神力]이 있지만 잘난 체하는

마음〔高心〕이 없기 때문에 중생들로 하여금 큰 기쁨을 얻게 하였으며 항상 가난하고 비천한 사람들을 불쌍히 여기었도다.'

또 미륵 부처님이 가섭의 뼈를 보고,

'갸륵하도다. 큰 제자 가섭이여, 그대가 저 악한 세상에서 능히 거룩한 마음을 닦았도다' 라고 하리라.

그러면 마하가섭의 뼈가 게송으로 말할 것이다.

두타행은 보배곳간이고
계는 생명의 감로이니,
두타행을 잘 닦는 이는
죽음없는 저 세계 얻으리.

계 지키는 그것이
하늘나라 가는 길이며
계 지키는 그것이
열반락 얻는 도(道)일세.

이렇게 게송을 말하고는 흐르는 물처럼 다시 탑 속으로 굴러들어가느니라. 그때 설법하던 도량의 넓이는 팔십 유순이요, 길이는 백 유순이며, 그 가운데 대중들이 혹 앉기도 하고 서기도 하는데 가까이 있거나 멀리 있거나 모두 다 부처님이 자기 앞에 계시어 자기 한 사람만을 위해서 설법해 주시는 것처럼 보이느니라.

　미륵 부처님이 육만 세를 있다가 중생을 불쌍히 생각하여 저들로 하여금 법안(法眼)을 얻게 하고는 열반에 드나니, 모든 하늘과 사람들이 부처님의 몸을 화장하며, 전륜왕이 사리를 거두어 사천하에 나누어서 각각 팔만 사천의 탑을 모시도록 할 것이다.

　그 정법은 육만 년 동안 계속하고 상법(常法)은 이만 년 동안 머무느니라.

　너희들은 더욱 정진하여 부지런히 닦고, 깨끗하고 거룩한 마음을 일으켜 모든 착한 일을 쌓으면, 마침내 세간의 등불이시고 광명이신 미륵 부처님을 틀림없이 만나 뵙고 부처님의 높은 법을 얻게 되느니라."

　부처님께서 말씀을 마치시니 존자 사리불과 존자 아난이 자리에서 일어나 부처님께 공손히 절하고 무릎꿇고 합장하고서 이렇게 사뢰었다.

　"세존이시여, 이 경의 이름을 무엇이라 부르오며 어떻게 모시리이까."

　부처님께서 아난에게 말씀하셨다.

　"네가 이제 잘 알았다가 하늘이나 사람을 위하여 널리 설하여 마지막까지 법이 끊어지지 않도록 하라. 이 경은 중생으로 하여금 다섯 가지 대죄(大罪)의 종자를 끊고 모든 업장(業障)과 몸과 마음을 괴롭게 하여 생사에 굴러다니게(流轉) 하는 번뇌의 장애(煩惱障)를 끊고 자비한 마음을 닦아서 미륵 부처님의 세상에 나게 하는 경이니 이렇게 받아 지닐지어다.

또 이 경의 이름은 중생들이 미륵 부처님의 이름을 듣고 다섯 가지 탁한 죄악의 세상에 태어나지 않고, 다섯 가지 악도(惡道)에 떨어지지 않게 하는 경이니 이렇게 받아 지닐 것이며, 또 이 경의 이름은 악한 말로 지은 죄를 부수어 그 마음이 연꽃처럼 깨끗하여 미륵 부처님을 만나게 하는 경이니 이렇게 받아 지닐 것이며, 이 경의 이름은 자비한 마음으로 생명을 죽이지 않고 고기를 먹지 않게 하는 경이니 이렇게 받아 지닐지어다.

또 이 경의 이름은 석가모니 부처님이 옷으로써 믿게 하는 경이니 이렇게 받아 지닐 것이며, 이 경의 이름은 저 부처님의 이름을 듣고 여덟 가지 액난을 면하는 경이니 이렇게 받아 지닐 것이며, 이 경의 이름은 '미륵대성불경'이니 이렇게 받아 지닐지어다."

부처님께서 사리불에게 또 말씀하시었다.

"내가 멸도한 뒤에 어떤 비구·비구니·우바새·우바이나 하늘·용의 팔부의 귀신들이 이 경 이름을 듣고 받아 지니어 읽고 외우며 예배 공양하고 법사를 공경하면, 모든 죄업의 장애와 몸이나 마음을 괴롭히고 생사의 근원이 되는 번뇌의 장애를 깨뜨리어 미륵 부처님과 현겁의 일천 부처님을 뵈옵고 세 가지 보리를 원대로 성취하며 여자의 몸을 받지 않고 바른 인생관으로 세속을 떠나 큰 해탈을 얻게 되느니라."

말씀을 마치시고 나니, 모든 대중들은 기뻐서 어찌할 줄 모르며 부처님께 절하고 물러갔다.

미륵하생성불경
(彌勒下生成佛經)

미륵하생성불경
(彌勒下生成佛經)

 큰 지혜를 갖춘 사리불(舍利弗)이 능히 부처님을 따라 법륜(法輪)[1]을 굴리니 불법에 있어서 으뜸이라. 사리불은 중생을 가엾이 여겨 부처님께 여쭈었다.
 "세존이시여, 경전 가운데의 말씀과 같이 미륵이 하생하여 성불하리라 하셨으니, 원컨대 미륵의 공덕과 신통력과 그 국토의 장엄한 일을 널리 듣고자 합니다. 중생이 어떤 보시와 어떤 계율과 어떤 지혜로써 미륵을 볼 수 있습니까."
 그때 부처님께서 사리불에게 말씀하셨다.
 "내 이제 너를 위해 널리 설하겠으니 오로지 한마음으로 들어야 한다. 사리불아, 사방의 큰 바닷물이 점차로 감소될 그때에 남섬부주[2]의 땅은 길이가 일만 유순이고 넓이가 팔천 유순이며 거울처럼 깨끗하여 아름다운 꽃과 부드러운 풀이 그 땅을 두루 덮고, 갖가지 나무의 꽃과 열매가 무성한데다가 그 나무들의 높이가 모두 30리(里)이고, 도시가 연달아 있어서 닭들이 서로 날아다닌다. 또 사람의 수명은 8만 4천 세이며 지혜와 위덕(威德)이 두루 구족하여 안온하고 쾌락하리라. 다만 세 가지 병이 있으니 첫째, 똥오줌을 싸야 하고 둘째, 음식을 먹어야 하며 셋째, 쇠약하여 늙어감이 그것이다. 여자는 나이 오백 세가 되어야 시집을 가게 되리라.

이때 시두말이라는 큰 성(城)이 있는데 길이는 12유순이고 넓이가 7유순이며, 단정 엄숙하고 수승 미묘하고 장엄 청정하며 복 있는 사람들이 성에 가득 차 있어 이 사람들 때문에 풍부하고 쾌락하고 안온하리라. 또 그 성의 일곱 가지 보배 위에는 누각이 있어 창문까지도 모두 보배로 되어 있으며 진주(眞珠)그물이 그 위를 덮고, 거리와 언덕은 넓이가 12리이며 깨끗이 청소되어 있으리라.

그리고 큰 힘을 가진 용왕이 성 근처의 못(池)에 있는데, 용왕의 궁전이 바로 이 못 속에 있어 항상 밤중에 가는 비를 내려 흙을 축축하게 하므로 그 땅이 윤택하기가 마치 기름을 바른 것 같아서 행인들이 오고 가는 데도 먼지가 일어나지 않느니라.

이때 세간의 사람에게는 그의 복덕으로 말미암아 거리와 언덕 곳곳마다 높이가 10리나 되는 밝은 구슬기둥이 있는데 밤낮으로 밝은 빛이 비쳐 등불의 광명쯤은

필요치 않으며 도시의 집과 마을 거리에는 작은 흙덩이도 없고 순전히 금모래로써 땅을 덮어 곳곳마다 금덩어리로 차 있으리라.

또 큰 야차 귀신이 항상 이 성을 수호하며 깨끗이 청소하므로 똥오줌의 부정한 것이 있으면 땅이 저절로 벌어져 그것을 받아들인 뒤에는 땅이 다시 오므라지고 사람의 목숨이 장차 끝나려면 자연히 무덤 사이로 가서 죽게 된다. 이때 세간은 안락하여 원수와 도적의 겁탈을 염려할 필요가 없으므로 도시나 촌락에 문을 닫는 자 없고, 또 쇠하고 괴롭거나 물·불·무기와 흉년·독해 등 환란이 없으므로 사람들이 항상 인자한 마음으로써 공경 화순하고 모든 감관을 조복하여 말씨가 겸손하리라.

사리불아, 내가 지금 너를 위해 저 국토와 도시의 풍부하고 안락한 일을 대략 말하였느니라. 또한 숲이나 못 가운데에는 여덟 가지 공덕수가 있어 푸르고 붉고 흰 빛깔의 연꽃이 그 위를 두루 덮고 있느니라. 그 못의 사방에는 네 가지 보배로 된 계단이 있는데 뭇 새들이 화합하게 모여드니, 묘한 소리를 내는 거위·오리·원앙·공작·비취·앵무·사리(舍利)·구나라·기바 등이 항상 그 속에 있으며 이상한 종류의 묘한 소리를 내는 새들의 숫자는 이루 헤아릴 수가 없다.

또 과일나무와 향나무가 온 나라 안에 가득 차 있어

남섬부주 안에는 항상 좋은 향 있는 것이 마치 향산(香山)과 같고 흐르는 물도 맑고 깨끗하고 맛이 달아서 병을 제거하며 비와 이슬이 수시로 내려 곡식이 다 무성하며, 더러운 풀이 나지도 않고 하나의 종자에 일곱 이삭의 수확이 있어서 노력은 적으나 수입이 매우 많고 향기가 좋으며 먹으면 기력이 충실하리라.

　그때 이 나라의 전륜왕(轉輪王)인 양카왕이 네 가지 군사를 지니고 있지만 위엄과 무력으로써 사천하를 다스리지 않고 그 왕의 천 아들이 다 용감하고 건장하며 힘이 세어서 원적(怨敵)을 물리치고도 남으리라.

　또 왕에게는 금륜보(金輪寶)·상보(象寶)·마보(馬寶)·주보(珠寶)·여보(女寶)·주장보(主藏寶)·주병보(主兵寶) 등 일곱 가지 보배가 있는가 하면, 그 국토에는 일곱 가지 보대(寶臺)가 있어 모두 높이가 천 길인 데다가 넓이가 60길이며, 또 네 군데의 큰 광이 있고 낱낱 광마다 4억에 달하는 조그마한 광들이 둘러싸고 있으니, 이륵발이라는 큰 광은 건타라국에 있고 반축가란 큰 광은 미제라국에 있고 빈가라란 큰 광은 수라다국에 있고 양카라는 큰 광은 파라내국에 있느니라.

　이 네 군데 큰 광의 길이와 넓이는 천 유순이고 그 속에는 값진 보물이 가득 차 있어 네 명의 큰 용왕이 각자 수호한다. 이 네 군데 큰 광과 여러 조그마한 광이 저절로 솟아나오는데 모양이 연꽃과 같아서 무수한 사람들이 다함께 보아도 이 보배를 갖는 자가 없고 오히려 마음에 탐착하지 않아 땅에 버리기를 마치 기와·돌이나 풀·나무나 흙덩이처럼 하며, 그때 사람들은 모두 싫어하는 마음을 내어 이러한 생각을 하리라.

'옛날 중생들은 이 보배 때문에 서로가 해치고 훔치고 빼앗고 속이고 거짓말을 하여 생사의 죄를 더욱더 쌓았느니라'라고.

시두말성은 뭇 보배의 그물이 그 위를 덮고 보배방울이 장엄되어 있어 바람이 불면 그 소리의 화창하고도 고상함이 마치 종과 경쇠를 두드리는 것 같느니라. 그 성 중에 큰 바라문인 묘범(妙梵)이란 이가 있고 바라문에게는 범마파제라는 딸이 있어 미륵이 그 여인을 의지해 출생하여 부모를 삼게 된다. 미륵의 몸은 자금색으로 된 서른두 가지 모습을 갖고 있으며 중생들이 아무리 보아도 힘이 한량없고 헤아릴 수 없어서 광명의 비춤이 장애가 없으므로 해·달·불·구슬 따위는 도무지 나타날 수 없느니라.

또 몸의 길이가 천 자(尺)이고 가슴의 넓이가 서른 길(丈)이고 얼굴 길이가 열두 길 네 자로서 신체의 구족하고도 단정함이 견줄 데 없는가 하면, 그 상호를 성취함이 마치 금으로 만든 형상 같고 육안(肉眼)이 청정하여 열 유순을 관통해 보며 항상 광명이 사방을 비추어 해·달·불·구슬의 광명은 다시 나타나지 못하고,

다만 불 광명의 제일 미묘한 것이 있으리라.

그리고 미륵보살은 세간의 다섯 가지 욕락(五欲樂)[4] 이 많은 재앙을 일으켜서 중생들이 거기에 빠져 생사에 헤매임을 보고 가엾이 여겨 스스로 바른 생각으로 관찰하여 속가에 있기를 좋아하지 않았다.

그때 양카왕이 여러 대신들과 함께 보대(寶臺)를 미륵에게 올리면, 미륵은 이것을 바라문에게 보시하고 바라문은 또 부수어 각각 나눠 가지리라. 미륵보살이 잠깐 사이에 보대가 무상(無常)하게 됨을 보고서 일체 법도 다 마멸(磨滅)될 것임을 알고 무상의 생각을 닦아 출가하여 도를 배우되 나무의 줄기와 가지와 잎의 높이가 50리인 용화(龍華)보리수 아래 앉아 출가한 그 날 바로 아뇩다라삼먁삼보리를 성취하리라.

그때 여러 하늘·용·귀신왕들은 그 몸을 나타내지 않고서 꽃·향을 펴부어 미륵불에게 공양하매, 삼천대천세계가 다 크게 진동하고 미륵불이 몸에서 광명을 내어 한량없는 국토를 비추어 제도를 받아야 할 자는 다 미륵불을 보게 되리라.

그때 백성들은 각각 이렇게 생각할 것이다.

'다시 천만억 세 동안 다섯 가지 욕락을 받아도 세 가지 나쁜 갈래의 고통을 면할 수 없고 처자와 재산을 구호할 수도 없거니와, 세간은 무상(無常)하여 목숨을 오래 보전하기 어려우니, 우리는 이제 불법에 따라 범

행(梵行)⁵⁾을 수행하리라.'

이렇게 생각하고서 출가하여 도를 배웠다. 그때 양카왕도 8만 4천 대신들과 함께 출가하여 도를 배우며, 다시 8만 4천의 바라문으로서 총명하고 큰 지혜를 갖춘 이들도 불법에 따라 함께 출가할 것이다.

또 수달나(須達那) 장자도 8만 4천 사람들과 더불어 함께 출가하며, 리사달다와 부란나 형제도 8만 4천 사람들과 더불어 출가하며 왕이 사랑하고 존중하는 대신인 전단(栴檀)과 수만(須曼)도 8만 4천 사람과 더불어 함께 출가하며, 양카왕의 보녀(寶女) 사미파제도 8만 4천 채녀와 더불어 함께 출가하며, 양카왕의 태자 천색(天色)도 8만 4천 사람과 더불어 함께 출가하며 미륵불의 친족인 수마제(須摩提)도 8만 4천 사람과 더불어 함께 출가하리니, 이러한 한량없는 천만억 무리들이 세간의 고뇌를 보고서 다 미륵불의 법 가운데에 출가하게 되리라.

그때 미륵불은 여러 대중을 보고 나서 마음 속으로 말하리니,

'이제 이 여러 사람들은 나의 처소에 온 것은 천상에 왕생하려는 것도 아니고 세간의 욕락을 위해서도 아니다. 다만 열반의 항상 안락한 인연 때문이라. 이 여러 사람들은 다 불법 가운데 모든 선근을 심었기 때문에 석가모니 부처님께 가서 나의 처소에 이르게 한 것이고

나도 이 때문에 지금 받아들이는 것이라. 이 여러 사람들 중에 혹은 수투로(修妬路)[4]·비니(毘尼)[5]·아비담(阿毘曇)[6] 경장을 외우고 분별하고 결정하는 모든 공덕을 닦았기에 나의 처소에 이르른 것이며, 혹은 의복과 음식을 사람들에게 보시하고 계율을 지키고 지혜에 힘쓰고 공덕을 닦았기에 나의 처소에 이른 것이며, 혹은 번기·일산·꽃·향으로써 부처님께 공양하는 공덕을 닦았기에 나의 처소에 이른 것이며, 혹은 보시·지계로써 인자한 마음을 닦아 익히는 공덕을 행하였기에 나의 처소에 이른 것이며, 혹은 고뇌에 허덕이는 중생을 위해 그들로 하여금 안락을 얻게 하는 공덕을 닦았기에 나의 처소에 이른 것이며, 혹은 계율과 인욕으로써 청정한 인자함을 닦았기에 그 공덕으로 나의 처소에 이른 것이며, 혹은 스님들께 보시하되 항상 지계하거나 법회를 베풀어 음식으로 공양하는 공덕을 닦았기에 이른 것이며, 혹은 계율을 지니고 들음이 많거나 선정과 번뇌 없는 지혜를 수행한 공덕으로써 나의 처소에 이른 것이며, 혹은 탑을 세워 사리를 공양한 공덕으로써 나의 처소에 이른 것이니, 거룩하도다. 석가모니 부처님께서 이러한 백천만억 중생을 잘 교화하사 나의 처소에 이르게 하였네'라고 하리라.

　미륵불은 이와 같이 세 번에 걸쳐 석가모니 부처님을 찬탄한 뒤에 또한 이렇게 설법할 것이다.

'그대들 중생은 능히 어려운 일을 하였다. 저 세간의 탐욕과 성냄과 어리석음과 미혹과 짧은 수명의 사람들 가운데에서 능히 계율을 닦고 모든 공덕을 지었으니 매우 희유한 일이다. 그때 중생들은 부모와 사문·바라문을 인식하지 못하고 도법을 알지 못하므로 서로가 괴롭히고 해치며 다섯 가지 욕락에 집착되어 서로 질투하고 아첨하고 망령되고 삿되고 거짓을 행하며, 더더욱 가엾이 여기는 마음도 없고 서로가 살해하여 살을 먹고 피를 마시거늘 그대들은 그 속에서도 선한 일을 행했으니 이것이 바로 희유한 일이다.

　거룩하도다, 석가모니 부처님께서 대비하신 마음으로 고뇌의 중생들을 위해 진리를 설하사 나에게 미래세에 그대들을 제도시킬 것을 보여 주셨으니 이러한 스승이야말로 매우 만나기 어렵다. 그 깊은 마음으로 나쁜 세간의 중생들을 가엾이 여기사 고통을 제거하고 안락을 얻게 하셨으며 더욱더 석가모니 부처님께서는 그대들을 위해 머리를 보시하고 코·귀·손·발·팔·다리를 베는 등 모든 고통을 받아가면서도 그대들을 이롭게 하셨다.'

　미륵불이 이와 같이 한량없는 중생을 이끌어 깨우치고 편안히 위로하여 환희심을 내게 한 뒤에 설법하시면, 복덕 있는 사람들이 그 가운데 가득하여 공경하고 믿고 받들어 마음껏 미륵 부처님을 우러러보며 각각 법을 듣고자 하리라.

그들은 또 함께 이렇게 생각할 것이다.

'다섯 가지 욕락은 부정하며 뭇 고통의 근본이 된다.' 이렇게 생각한 그들은 근심과 슬픔과 괴로움을 버리고서 그 괴로움과 즐거움이 다 무상한 것임을 알게 되리라.

미륵불이 그때 모인 대중들의 마음이 모두 청정하고 유순하며 조복됨을 관찰하고서 네 가지 진리〔四諦〕를 설하면 듣는 이들이 모두 한꺼번에 열반의 도를 얻을 것이니라.

그때 미륵불의 화림원(華林園)은 길이와 넓이가 일백 유순이고 대중들이 그 속에 가득 차서 첫번째 설법에 96억 사람들이 아라한과를 얻고, 두번째 설법에 94억 사람들이 아라한과를 얻고, 세번째 설법에 92억 사람들이 아라한과를 얻으리라.

미륵불이 이렇게 법륜을 굴려 하늘·사람들을 제도하고 나서 여러 제자들을 데리고 성(城)에 들어가 걸식하시리라. 이때 한량없는 정거천(淨居天)의 무리들은 공경히 미륵불을 따라 시두말성에 들어오면서 갖가지 신통력과 한량없는 변화를 나타내고, 제석천왕은 욕심세계〔欲界〕의 천자들을 데리고, 범천왕(梵天王)은 형상세계〔色界〕의 천자들을 데리고서 백천 가지 기악(伎樂)을 연주하며 부처님 공덕을 노래하리라.

한편 하늘의 모든 꽃과 향을 뿌려 부처님께 공양하고, 거리와 길 언덕엔 모든 번기·일산을 세우고서 뭇 이름난 향을 사르니 그 연기가 구름 같았다. 세존이 성에 들어갈 무렵에는 대범천왕과 제석천왕이 합장 공경하면서 다음과 같이 게송을 읊어 찬탄하리라.

정변지(正遍知)와 양족존(兩足尊)[7]이어서
천인과 세간에 같을 이 없고
십력(十力)을 구족하신 세존은
매우 희유하시어
더없는 가장 뛰어난 복밭이시니
그 공양하는 자 천상에 왕생하려면
견줄 데 없이 크게 정진하는 이께
예배해야 하리.

그때 미륵불이 큰 힘을 가진 마군을 항복받는 것을 보고 천인과 나찰을 비롯한 천만억 중생들이 다 크게 기뻐하여 합장하고서 이렇게 외치리라.
'매우 희유하고 희유합니다. 여래의 신통력과 공덕 구족하심은 헤아릴 수 없나이다.'
이때 천인들은 갖가지 연꽃과 만타라꽃을 부처님께서 밟으실 땅에 뿌려 무릎에까지 이르게 하고 여러 하늘들은 공중에서 백천 가지 기악을 연주하며 부처님 공덕을 노래로 찬탄하리라.

  그때 마왕은 이른 밤과 늦은 밤에 모든 백성들을 깨워 이렇게 말하리라.

  '그대들은 이미 사람의 몸을 얻어 좋은 때를 만났으니 밤새도록 잠자면서 마음을 떨어 버리지 말고, 서거나 앉거나 항상 부지런히 정진하여 바른 생각으로 오음(五陰)의 〈덧없고〉〈괴롭고〉〈공하고〉〈나 없음〉을 자세히 관찰할 것이며, 또 그대들은 방일하여 부처님 가르침을 행하지 않는 그런 짓을 하지 말라. 만약 악업을 일으킨다면 뒷날에 반드시 후회하게 되리라.'

  거리의 남녀들도 다 이 말을 본받아서 말하리라.

  '그대들은 방일하여 부처님 가르침을 행하지 않는 그런 짓을 하지 말라. 만약 악업을 일으킨다면 뒷날에 반드시 후회하리니, 부지런히 정진하여 도를 구할 뿐 법의 이익을 잃고서 헛되이 살다가 헛되이 죽지 말라. 이러한 큰 가르침으로 고뇌를 뽑아 주는 이는 매우 만나기 어려우니 굳게 정진하여 항상 즐거운 열반을 얻어야 하느니라.'

  그때 미륵불의 여러 제자들은 다 단정한 위의를 구족하여 나고 늙고 병들고 죽음을 싫어하는 한편, 많이 듣고 널리 보아서 법장(法藏)[8]을 수료하고 선정(禪定)[9]을 행함으로써 모든 욕심을 여의어 마치 새가 알에서 깨어나듯 하리라.

그때 미륵불은 곧 사부대중들과 함께 기사굴산에 나아가 그 산꼭대기에서 가섭 존자를 만나보는데 남녀 대중들이 다 마음으로 놀라고 이상하게 여기므로 미륵불은 이렇게 찬탄할 것이다.

'가섭 비구여, 가섭 비구는 석가모니 부처님의 제일 큰 제자로서 석가모니 부처님께서 항상 대중들 가운데 〈두타(頭陀)가 제일이라〉고 칭찬하셨는지라. 선정의 해탈삼매를 통달한 만큼 이 사람이 비록 큰 신력(神力)을 지니었지만 훌륭한 체하는 마음이 없어 중생들로 하여금 큰 환희심을 내게 하며, 항상 낮고 천하고 가난하고 괴로운 중생들을 가엾이 여겨서 그 고뇌를 구제해 안온하게 하였다.'

그리고 미륵불은 또 가섭 존자의 앙상한 몸을 찬탄하여 이렇게 설하리라.

'거룩하도다. 큰 위신과 공덕이신 석가모니 부처님의 큰 제자 가섭이여, 저 오욕에 찬 세간에서 능히 그 마음을 닦았네.'

그때 사람들은 가섭 존자가 미륵불로부터 찬탄받는 것을 보고 백천억 사람들이 이 일로 말미암아 이미 세간을 싫어하고 도를 얻으며, 여러 사람들은 석가모니 부처님께서 저 나쁜 세간의 한량없는 중생을 교화해 그들로 하여금 여섯 가지 신통(六神通)[10]을 갖춰 아라한을 성취하게 한 것을 생각하리라.

그때 설법 장소는 넓이가 팔십 유순이고 길이가 백 유순인데 앉거나 서거나 가깝거나 멀거나 그 가운데 참석한 모든 사람들은 부처님께서 설법하는 것을 모두 뚜렷이 보게 되며, 미륵불이 세간에 머무는 6만 세 동안에는 늘 중생들을 가엾이 여겨 법안(法眼)[11]을 얻게 하려니와 열반한 뒤에도 법이 역시 6만 세 동안 세간에 머무르니, 너희들이 정진하되 청정한 마음을 내어 모든 선업을 일으킨다면 이 세간의 등불인 미륵불의 몸을 틀림없이 보게 되리라."

부처님께서 이 경을 말씀하시고 나자, 사리불등이 기뻐하여 받아 간직하였다.

미륵래시경
(彌勒來時經)

미륵래시경
(彌勒來時經)

　사리불은 부처님의 제일가는 제자로서 자비로운 마음으로 온 천하를 염려하여 부처님 처소에 나아가 꿇어앉아 합장하고 여쭈었다.
　"부처님께서 항상 말씀하시기를, '내가 열반한 뒤에는 마땅히 미륵이 오리라' 하셨으니, 원컨대 부처님으로부터 듣고자 하옵니다."
　부처님께서 말씀하셨다.
　"미륵불이 나오려고 할 때에는 지금 이 사바세계 안의 땅과 산에 있는 초목은 다 타버리며 사바세계 땅의 둘레가 60만 리며, 미륵이 나올 적엔 사바세계 땅의 동쪽과 서쪽의 길이가 40만 리고 남쪽과 북쪽의 길이가 30만 리이며, 땅에는 다섯 종류의 과일이 자라나고 사방 바다 안에는 산과 언덕과 시내와 골짜기가 없어 땅의 판판함이 마치 숫돌과 같고, 나무들이 모두 크고 무성할 것이다. 한편 이때 백성들은 탐욕·음행·성냄·어리석음이 적은 이들인가 하면, 사람들이 많고 부락의 집들이 총총하여 닭 울음소리가 이쪽과 저쪽에서 서로 들리며, 사람들의 수명이 다 8만 4천 세인데, 여인은 오백 세가 되어야 시집을 가느니라. 또 사람들이 병으로 앓는 자는 없으나 온 천하 사람들이 세 가지 병은 있으니 첫째는 그 뜻이 욕심을 가지려는 것이며, 둘째는 굶주리고 목마르며, 셋째는 늙어감이다. 또 사람들의 얼굴과 눈이 다 도화(桃花)빛이고 서로가 다 공경하고 존중하리라.

그리고 계두말이라는 성(城)이 있으리니 이 계두말성은 당시 왕이 국력으로써 성을 만든 만큼 성의 둘레가 4백 80리이며 흙으로 성을 쌓고 그 위에 판자[板]를 붙이고, 또 금·은·유리·수정 등 값진 보물로 장식하였느니라. 또 사방 각각 열두 문(門)이 있어 문마다 조각하고 다시 금·은·유리·수정 등 값진 보물로써 장식했느니라.

국왕의 이름은 승라(僧羅)인데, 사방 바다 안이 다 승라에게 예속되어 있으며 다닐 때는 날아다닌다. 또 그 다니는 곳마다 사람과 귀신들이 모두 몸을 굽히며, 성에는 네 가지 보배가 있는데 첫째가 금이니 예석봉이라는 용이 그 금을 수호한다. 둘째가 은이니 그 나라 안에는 또 번두라는 용이 그 은을 수호하고, 셋째가 명월주(明月珠)이니 명월주가 나는 곳은 수점(須漸)인데 빈갈이란 용이 보배를 수호하고, 넷째가 유리이니 유리가 나는 성 이름은 사라나이니라.

미륵이 수범(須梵)이란 바라문과 마하월제를 부모로 삼아 태어나니 미륵의 종성(種姓)은 바라문이며 몸에 서른두 가지 모습과 여든 가지 훌륭함을 갖추고 있다.

또 몸의 길이가 열여섯 길인데, 미륵이 이 성에 출생하자마자 눈은 만 리 안을 환히 보고 머리 속에서는 햇빛이 4천 리를 비추며, 또 미륵이 도를 얻어 부처가 될 때에는 용화수(龍華樹) 밑에 앉는데 나무의 높이는 40리이고 넓이 또한 40리이며, 미륵이 부처가 될 때에는 8만 4천 바라문들이 다 미륵의 처소로 와서 스승으로 섬기며 곧 집을 버리고 사문이 되리라.

또 미륵이 나무 밑에 앉아 4월 8일 밝은 별이 나올 때를 기하여 불도를 얻으니, 국왕 승라도 미륵의 성불함을 듣고 곧 나라를 태자에게 맡긴 뒤 국토와 왕위를 버리고 84왕과 함께 미륵의 처소에 이르러 모두 수염과 머리털을 깎고서 사문이 되리라.

한편 1천 8백 바라문들이 다 미륵의 처소에 이르러 사문이 되니 미륵의 부모도 그 가운데 있으며, 또 1천 84명의 어진 바라문들이 다 미륵의 처소에 이르러 사문이 되며, 수달(須達)이라고 불리는 그 나라의 큰 부호이면서 어진 수단(須檀)이란 이가 백성들에게 황금을

미륵래시경

나누어 주고 미륵불과 여러 사문들에게 보시하므로 그 명성이 날로 널리 떨치리라. 그때 수달 장자는 다시 1만 4천 명의 어진 사람을 데리고 미륵불의 처소에 이르러 사문이 되며, 또 고달(鼓達)이란 형과 부란(扶蘭)이란 아우 두 형제는 서로 말하기를,

'우리들이 어찌 이 세간에만 머물러 있으랴. 함께 부처님 처소에 가서 사문이 되어야 하지 않겠는가.'
하며 형제가 다 좋은 일이라 하고는 곧 미륵불의 처소에 나아가 사문이 되며, 다시 8만 4천 명의 소녀들이 좋은 옷과 흰 구슬과 금·은·구슬을 걸고 미륵불의 처소에 이르러 몸에 걸친 값진 보물을 벗어서 미륵불께 바치며 사뢰리라.

'저희들은 이것을 부처님과 여러 사문들에게 바치려 하오며, 이제 부처님을 따라 비구니가 되려 하옵니다.'

미륵불은 곧 그들로 하여금 비구니가 되게 하고는 앉아서 여러 비구와 비구니를 위해 말하리라.

'이 사람들은 다 석가모니 부처님 때에 경을 외운 이거나, 인자한 마음을 가진 이거나, 보시한 이거나, 성내지 않은 이거나, 불상을 만들고 절을 세운 이거나, 부처님의 사리를 받들어 탑 속에 모신 이거나, 향을 사른 이거나, 등불을 켠 이거나, 비단천을 달은 이거나, 꽃을 뿌린 이거나, 경을 읽은 이들이며, 이 여러 비구니들도 다 석가모니 부처님 때 사람으로서 계율을 지킨 이거나

정성이 지극한 이들이라. 이제 다 이 모임에 이르러 여러 비구의 설하는 경을 들음으로써 모두들 용화수 밑에서 도를 얻으리라.'

미륵불이 처음 모임에서 경을 설할 때 96억 사람들이 다 아라한의 도를 얻고, 두번째 모임에는 94억 비구들이 다 아라한의 도를 얻으며, 세번째 모임에서는 92억 사문들이 다 아라한의 도를 얻어, 온 천상의 하늘들이 다 꽃을 가지고 미륵의 몸 위에 뿌리리라.

그리고 미륵불이 여러 아라한을 데리고서 국왕이 만들어 둔 계두말성에 이르자 왕은 그들을 다 궁중에 맞아들여 음식으로 대접하리라. 그때 온 성 안이 환하여 밤이 마치 낮과 같은데 미륵불이 그 궁중에 앉아 경을 설하면서 말하리니,

'말씀대로 하지 않을 수 없고 도를 배우지 않을 수 없고, 경을 찬양하지 않을 수 없노라'고 할 것이다.

미륵불이 이와 같이 경을 설하고 나자, 여러 비구들과 왕을 비롯한 백관들이 다 불경과 계율을 받들어 행하여 세간을 제도하게 되리라."

부처님은 또 이렇게 말씀하셨다.

"미륵불은 지금으로부터 60억 60만 세 뒤에 내려올 것이니라."

역주와 해설

미륵상생경 역주

1) 사위국(舍衛國) : 고대 중인도에 있던 나라.
2) 기수급고독원(祇樹給孤獨園) : 기수〔제타숲〕는 제타태자가 부처님께 희사한 동산이며 이 동산에 부호 수달다 장자가 절을 지어 부처님께 희사한 것이 급고독원이다. 수달다 장자는 늘 고독하고 굶주린 사람에게 음식을 나누어 주었다고 하여 급고독(給孤獨)이라는 이름이 붙었다.
3) 수달다 장자(須達長子) : 부처님 당시 부처님을 신봉하던 사람으로 대단한 부호였다.
4) 화신불(化身佛) : 법신(法身)·보신(報身)·화신(化身)의 하나로 법신에 의하여 여러 가지 부처님 모습으로 나타나며 한꺼번에 일천 부처님으로도 나타난다.
5) 아야교진여(阿若憍陳如) : 교진여라고 줄여 부르기도 한다. 녹야원에서 최초로 부처님의 가르침을 들은 다섯 비구 중의 한 사람. 석존의 최초의 제자로 유명하다.
6) 우바새(優婆塞)·우바이(優婆夷) : 청신사(淸信士)·청신녀(淸信女)라고도 하는데, 곧 남자신도(우바새)와 여자신도(우바이)를 가리키는 말이다.
7) 하늘·용·야차(夜叉)·건달바(乾闥婆) : 이는 모두 불교를 호위하는 선신(善神)으로서 팔부신중에 속한다. 부처님께

서 설법하실 때 나타나 호위하는 신(神).

 8) 다라니법 : 진언(眞言). 모든 악을 버리고 선법(善法)을 갈무리하는 가르침. 삼매로 얻어진 지혜를 가리킴.

 9) 미륵보살(彌勒菩薩) : 미륵불이라고도 하며 석존의 입멸 후 56억 7천만 년이 지난 다음에 이 세상에 출현하여 중생을 제도할 부처님. 지금은 도솔천에 머물고 있다고 한다.

10) 우파리(優波離) 존자 : 석존의 십대 제자 중의 한 사람으로 계율을 잘 지켰음.

11) 수기(受記) : 다음 생에는 반드시 부처가 될 것이라고 예언해 주는 것.

12) 여래(如來) · 응공(應供) · 정변지(正遍智) : 모두 부처님에 대한 존칭이다. 여래는 진리의 세계에서 오신 분, 진여의 세계로 가신 분, 진리 그 자체이신 분이라는 뜻이며, 응공은 아라한(阿羅漢)이라고도 하는데 사람과 하늘로부터 존경받고 공양받을 자격이 있는 이를 뜻하며, 정변지는 바르고 완전하게 남김없이 진리를 깨달은 이라는 의미이다.

13) 열 가지 선(十善) : 불살생, 불투도, 불사음 등 열 가지 악을 멀리하는 것.

14) 네 가지 넓은 서원(四弘誓願) : ① 중생이 끝없지만 모두 제도하리라. ② 번뇌가 끝없지만 모두 끊으리다. ③ 부처님 가르침이 무량하지만 모두 배우리다. ④ 불도가 끝없지만 모두 이루리다.

15) 보살의 여섯 가지 바라밀(六波羅密) : 보살이 수행하는 여섯 가지 행. 보시(布施) · 지계(持戒) · 인욕(忍辱) · 정진(精進) · 선정(禪定) · 지혜(智慧). 보살은 이 여섯 가지를 닦는

다.

16) 다섯 가지 계율〔五戒〕: ①살생하지 말라. ②도둑질하지 말라. ③음행하지 말라. ④거짓말하지 말라 ⑤술마시지 말라.

17) 팔관재계(八關齋戒): 불살생(不殺生), 불투도(不偸盜), 불사음(不邪淫), 불망어(不妄語), 불음주(不飮酒)의 다섯 가지 계율(5戒)에 꽃다발을 쓰거나 향바르고 노래하고 춤추며 가서 구경하지 말라, 높고 넓고 크며 잘 꾸민 평상에 앉지 말라, 때 아닌 때 먹지 말라의 3가지 계율을 더한 것으로 주로 재가불자들에게 주는 계.

18) 구족계(具足戒): 사미계를 받은 사람으로 만 21세가 되어야 받는 계로서 구족계를 받아야 비로소 정식으로 계를 받는 것이 된다. 비구는 250가지, 비구니는 500가지의 계가 있다.

19) 수능엄삼매(首楞嚴三昧): 가장 견고하여 무엇으로도 파괴할 수 없는 삼매.

20) 반야바라밀다(般若波羅密多): 반야는 지혜를 가리키고 바라밀다는 '완성된 상태'를 의미한다. 따라서 반야바라밀다란 '완성된 지혜'를 말한다.

21) 서른두 가지 모습〔三十二相〕: 밖으로 보아서 알 수 있는 부처님만의 32가지 신체의 특이한 모습.

22) 여든 가지 형호: 쉽게 알아볼 수 없는 부처님만의 80가지 신체의 특이한 모습.

23) 살상투〔肉髻〕: 부처님 머리 위에 약간 솟아 나온 부분을 가리킨다.

24) 여섯 가지 일의 법(六法事) : ①나쁜 마음으로 남녀가 몸을 부딪치지 말 것. ②남의 작은 재물도 훔치지 말 것. ③짐승의 목숨을 빼앗지 말 것. ④실없는 말을 하지 말 것. ⑤때 아닌 때 먹지 말 것. ⑥술을 마시지 말 것.

25) 현겁(賢劫) : 현재 우리가 존재하고 있는 기간.

26) 성수겁(星宿劫) : 이 세계가 멸망하고 다음에 올 세상을 말함.

27) 보리의 수기 : 깨달을 것이라고 예언해 주는 것.

28) 항하의 모래알 : 항하(恒河)는 지금 인도의 갠지스 강이다. 즉 항하의 모래알이란 갠지스 강의 무수한 모래알처럼 셀 수 없는 많은 숫자를 가리킨다.

29) 다타아가도 아라하 삼먁삼불타 : 다타아가도는 여래(如來), 아라하는 응공(應供), 삼먁삼불타는 정변지(正遍知)라 번역한다. 여래의 열 가지 명칭 가운데 3가지.

30) 존자 아난(阿難) : 부처님의 제자 아난다의 약칭. 십대 제자 중의 한 분으로 다문제일(多聞第一)로 유명하다.

미륵하생경 역주

1) 등정각(等正覺) : 바르고 평등하게 깨달은 이, 즉 부처님을 가리킴.
2) 유순(由旬) : 범어로는 Yojana라고 하는데, 고대 인도에서 사용하던 거리의 단위로서 1유순은 보통 40리가 된다.
3) 저 언덕〔彼岸〕: 생사의 미혹에서 벗어나 해탈한 경지. 업과 번뇌로 가득한 이 세계를 차안(此岸)이라고 하고 반대로 생사의 속박에서 벗어난 해탈의 경지를 저 언덕, 즉 피안이라고 한다.
4) 아라한(阿羅漢) : 진리를 깨달아 최고의 성자에 오른 사람. 소승불교에서는 아라한을 최고의 성자로 본다. 그러나 대승불교에서는 아라한을 소승으로 본다.
5) 범지(梵志) : 청정한 행을 수행하는 인도 바라문들.
6) 수다원(須陀洹) : 무루도(無漏道)에 처음 들어간 지위로서 예류과(預流果)라고도 한다. 성문 4과 중의 하나.
7) 삼승(三乘) : 연각승(緣覺乘)·성문승(聲聞乘)·보살승(菩薩乘).
8) 열두 가지 두타(頭陀) : 두타는 욕심을 버리고 번뇌를 떨어버리는 것을 말한다. 초기불교 이래 불교 수행자들이 무집착·무소유를 체득하기 위해 수행하는 방법으로, '항상 걸

식한다' 등 열두 가지가 있다.
 9) 승가리(僧伽梨) : 대의(大衣)·중의(重衣)라고 하며 큰 가사를 말함.
10) 자씨 제자(慈氏弟子) : 미륵 부처님의 제자. 미륵불을 자씨(慈氏)라고 함.
11) 사묘(寺廟) : 절과 탑.
12) 세 가지 행 : 몸·입·생각의 세 가지로 짓는 악행.

미륵대성불경 역주

1) 마갈타국(摩伽陀國) : 중인도에 있던 나라 이름.
2) 사리불(舍利弗) : 부처님의 십대 제자 중의 한 사람. 바라문 출신으로 바라문교를 신봉하다가 100인의 제자와 함께 부처님께 귀의했다. 지혜가 가장 뛰어나 '지혜제일(智慧第一)'이라고 한다.
3) 사부대중(四部大衆) : 비구·비구니·우바새(청신사, 남자 신도)·우바이(청신녀, 여자 신도)를 사부대중이라고 한다.
4) 하늘·용·귀신·건달바·아수라·가루라·긴나라·마후라가·사람인 듯 아닌 듯한 것 등은 모두 불교를 수호하는 신(神)의 이름이다.
5) 여덟 가지 바른 길[八正道, 八聖道] : 정견(正見)·정사유(正思惟)·정어(正語)·정업(正業)·정명(正命)·정정진(正精進)·정념(正念)·정정(正定).
6) 삼계(三界) : 중생이 생사에 유전하는 세계, 즉 욕계(欲界, 욕심세계)·색계(色界, 물질세계)·무색계(無色界, 물질을 초월한 세계).
7) 팔부대중(八部大衆) : 하늘·용·야차·건달바·아수라·가루라·긴나라·마후라가. 이 팔부대중은 모두 불교를 수호하는 신이다.

8) 열 가지 힘〔十力〕: 부처님에게만 있는 열 가지 힘을 말한다.

9) 세 가지 밝은 지혜〔三明〕: 불·보살이 가지고 있는 여섯 가지 초인적인 능력(6신통) 가운데 자신과 타인의 과거세의 모습을 아는 숙명통(宿命通), 세간의 모든 것의 원근(遠近)·고락(苦樂)·추세(麤細)를 아는 천안통(天眼通), 번뇌를 모두 끊을 수 있어 다시는 미혹된 세계에 태어나지 않는다는 것을 아는 누진통(漏盡通).

10) 네 마귀〔四魔〕: 번뇌마(煩惱魔)·음마(陰魔)·사마(死魔)·천자마(天子魔).

11) 마하반야(摩訶般若): 큰 지혜, 즉 진리를 가리킴.

12) 감관(感官): 눈·귀·코·혀·몸·생각 등의 감각기관.

13) 삼선천(三禪天): 중생이 생사에 유전하는 세계 중 색계사천(色界四天)의 세번째 하늘.

14) 세 가지 나쁜 곳〔三惡道〕: 죄악을 범한 결과로 태어나서 고통을 받는 지옥·아귀·축생을 세 가지 나쁜 곳이라 한다.

15) 세상의 하는 법〔有爲法〕: 물질로 만들어진 모든 것을 가리키는 말로서 물질로 만들어진 것은 언젠가는 무너지므로 모두 무상하다는 의미를 내포하고 있다. 부처님 가르침은 무위법(無爲法), 즉 영원히 존재하는 것이라고 한다.

16) 아뇩다라삼먁삼보리: 더이상 위없는 가장 뛰어나고 수승한 깨달음.

17) 육도(六度): 도(度)는 범어 pāramitā의 음역으로 바라밀(波羅密)의 다른 이름. 즉 보시(布施)·지계(持戒)·인욕(忍

辱)·정진(精進)·선정(禪定)·지혜(智慧).

18) 삼독(三毒) : 탐(貪, 욕심)·진(瞋, 성냄)·치(癡, 어리석음).

19) 네 가지 악도〔四惡道〕: 지옥·아귀·축생·아수라. 이것을 네 가지 나쁜 곳(길)이라 한다.

20) 다섯 가지 욕락〔五欲樂〕: 재물 욕심·색(여색) 욕심·음식 욕심·명예욕·수면욕.

21) 깨달음을 성취하는 법〔三十七助道品〕: 도를 닦는 데 도움이 되는 서른일곱 가지.

22) 오음(五陰) : 색(色, 물질)·수(受, 느낌)·상(想, 생각)·행(行, 작용)·식(識, 식별). 오온(五蘊)이라고도 한다.

23) 다섯 가지 탁한 악세〔五濁惡世〕: 다섯 가지 부정(不淨)이 차 있는 악한 세상. 오탁은 말법시대에 나타나는 다섯 가지 오염된 현상으로 ①겁탁(劫濁) : 사람의 수명이 점차 줄어들며 기근, 질병, 전쟁이 잦음. ②견탁(見濁) : 온갖 그릇되고 비도덕적인 견해가 일어나 세상을 어지럽힘. ③번뇌탁(煩惱濁) : 중생의 번뇌가 깊고 무거워짐. ④중생탁(衆生濁) : 중생들이 나쁜 일을 좋아하며 과보를 두려워하지 않음. ⑤명탁(命濁) : 중생의 수명이 점차 줄어듦.

24) 논장(論藏) : 부처님이 설하신 경전에 대한 주석서를 논장이라고 한다.

25) 네 가지 큰 진리〔四諦法〕: ①모든 것은 괴로운 것〔苦諦〕 ②괴로움의 원인은 번뇌〔集諦〕 ③괴로움을 떠난 열반〔滅諦〕 ④그 열반에 도달하는 진리〔道諦〕를 말하며, 괴로움을 떠난 열반에 도달하는 진리는 팔성도를 닦아야 한다.

26) 절대의 법성(法性) : 최고의 진리를 가리킴.

27) 삼 아승지겁(三阿僧祇劫) : 아승지라는 말도 무한한 수를 가리키고 겁이라는 말도 무한한 수를 가리킨다. 즉 우리 인간으로서는 상상할 수 없는 무한한 시간(세월)이다.

28) 벽지불(辟支佛) : 연각(緣覺)이라고도 한다. 12인연을 닦아 깨달음을 얻는다.

29) 아라한도(阿羅漢道) : 소승불교의 최고의 성자. 다시는 생사윤회를 하지 않는다는 뜻으로 불생(不生)이라고도 하며 응당히 공양받을 자격이 있다 하여 응공(應供)이라고도 한다.

30) 신족통(神足通) : 육신통의 하나로서 어디든 어느 곳이든 어떤 장애가 있어도 마음대로 다닐 수 있는 신통력.

미륵하생성불경 역주

1) 법륜(法輪) : 법은 부처님 가르침을 말하고, 륜은 부처님 가르침을 굴려 끊어지지 않게 하는 것. 즉 부처님 가르침을 중생들에게 계속 전하여 끊어지지 않게 하는 것.
2) 남섬부주 : 사바세계. 즉 우리가 살고 있는 이 세계를 말함.
3) 범행(梵行) : 깨끗한 행. 청정한 계율을 지켜 어긋남이 없는 행동.
4) 수투로(修妬路) : 수다라(修多羅)로서 경(經)을 가리킨다.
5) 비니(毘尼) : 계율을 기록한 율장(律藏).
6) 아비담(阿毘曇) : 경·율·논 삼장 중의 논장(論藏)을 말함. 논장이란 부처님 말씀인 경에 대한 해석·주석이다.
7) 정변지(正遍知)·양족존(兩足尊) : 이런 칭호는 모두 부처님에 대한 존칭으로서 바로 부처님을 지칭한다.
8) 법장(法藏) : 부처님의 가르침.
9) 선정(禪定) : 마음을 한 곳에 집중시켜 동요치 않게 하여 자세히 생각하는 수행, 또는 고요히 생각하는 것〔靜慮〕. 선정의 방법으로는 참선이 있다.
10) 여섯 가지 신통〔六神通〕: 아라한과를 얻은 성자와 보살이 얻는 신통. 천안통(天眼通)·천이통(天耳通)·타심통(他心

通)·숙명통(宿命通)·신족통(神足通)·누진통(漏盡通).
11) 법안(法眼) : 육안(肉眼)·천안(天眼)·혜안(慧眼)·법안(法眼)·불안(佛眼) 가운데 하나로서 일체 법을 바르게 관찰하는 보살의 심안(心眼)을 가리킨다.

미륵경전 해설

미륵신앙과 관련된 대표적인 경전으로서는 모두 6종이 있다.

먼저 《불설 관미륵보살 상생도솔천경(佛說觀彌勒菩薩上生兜率天經)》(미륵상생경)과 《불설미륵하생경(佛說彌勒下生經)》(미륵하생경)·《불설미륵대성불경(佛說彌勒大成佛經)》을 미륵삼부경(彌勒三部經)이라 하고, 다음 《관미륵보살하생경(觀彌勒菩薩下生經)》·《미륵하생성불경(彌勒下生成佛經)》·《미륵래시경(彌勒來時經)》을 추가하여 미륵육부경이라고도 한다.

위의 미륵육부경 중에서도 가장 핵심이 되는 경전은 미륵삼부경이다. 미륵삼부경은 《미륵상생경》과 《미륵하생경》, 《미륵대성불경》이다. 나머지 세 경전은 문장만 다를 뿐 사실상 미륵삼부경의 내용과 비교하여 큰 차이가 없다.

여기에 수록된 미륵경전의 내용은, 주로 석가모니 부처님의 제자인 미륵보살이 도솔천에 상생해 있다가 부처님께서 열반하신 지 56억 7천만 년 후에 오탁악세(五濁惡世), 즉 사바세계에 하생하여 부처님을 대신하여 용화수(龍華樹) 아래에서 설법하여 고통받는 중생들을 제도한다는 것으로 요약할 수 있다.

56억 7천만 년 후에 사바세계에 하생하여 중생을 제도하게 되는 미륵불(미륵보살)의 세상은 그 어떤 고통도 없는 낙원이며, 인간의 수명은 8만 4천 세를 산다고 한다. 또 여자들은 5백 세가 되어야 시집을 가게 되며, 각종 보물과 금은보화가 산더미처럼 쌓여 있고 맛있는 음식물도 풍족하며, 생각만 해도 모든 것이 저절로 생기게 된다는 것이다.

부처님께서 아난에게 말씀하셨다.

"아난이여! 자리에 돌아가 내 말을 잘 들을지어다. 미륵불의 세계가 얼마나 풍족하고 안락한지, 그리고 그 제자의 수는 얼마나 되는지 잘 생각하여 마음 속에 받아 지닐지어다.

오랜 세월이 지난 후 이 세계에는 계두성이라는 큰 도시가 생길 것이다(……) 그 나라는 땅이 기름지고 풍족해 많은 사람들이 풍요롭게 살아 거리마다 번화하기 이를 데 없을 것이다(……).

대지는 평탄하고 거울처럼 맑고 깨끗하다. 곡식이 풍족할 뿐만 아니라, 인구가 늘어나고 갖가지 보배가 수없이 많으며, 마을과 마을이 잇달아 있어 닭 우는 소리가 서로 들리느니라. 아름답지 못한 꽃과 나쁜 과일, 시든 나무는 다 씨가 마르고, 더러운 것은 다 없어진다. 그래서 감미로운 과일나무와 향기롭고 아름다운 풀, 나무들만이 자라느니라. 기후는 온화하고 화창하며, 사계절이 순조로와 백여덟 가지의 질병이 없다. 탐욕과 성냄, 어리석음도 마음 속에만 있을 뿐, 눈에 띄게 드러나지 않고, 사람들의 마음도 어긋남이 없이 평화롭다. 그래서 만나면 즐거워하고, 착하고 고운 말만 주고 받으니, 뜻이 틀리거나 어긋나는 말이 없어서 울단월세계에 사는 것과 같으니라.

이때 사바세계 사람들의 몸은 비록 크고 작은 차이는 있지만, 목소리는 그런 차이가 없이 다 같으니라. 또 대소변을 보고자 할 때는 땅이 저절로 열리고 닫히며, 쌀은 심지 않아도 저절로 거둘 수 있는데, 껍질이 없고 향기로우며, 먹고 나면 앓거나 병으로 고생하는 일이 없느니라.

또 금·은·보배와 자거·마노·진주·호박이 땅 위에 이러저리 흩어져 있어도 주워가는 사람이 하나도 없느니라. 오히려 그때의 사람들은 이렇게 말하리라.

'옛 사람들은 이것 때문에 서로 싸우고, 죽이며 잡혀

가고, 옥에 갇히는 등 수없는 고생을 하지 않았는가? 오늘날에 와서는 이런 것들이 흙이나 돌과 마찬가지로 탐내는 사람이 없도다' 라고.

　또 그때의 사람들의 수명은 아주 길어 병으로 앓는 이가 전혀 없고 8만 4천 세를 살며 여자들은 5백 세가 되어야 시집가게 될 것이다."

　이처럼《미륵하생경》에서 설하는 것과 같이 미륵 부처님이 출현하는 세상은 말 그대로 이상적인 세계라 할 수 있다. 더구나 이러한 예언은 미륵 부처님 자신이 아닌 역사상 실재 인물인 석가모니 부처님께서 하시는 것으로 되어 있는 것이 특징이라 할 수 있다.

　미륵경전의 설에 의해 실제로 헐벗고 고통받던 시대의 천시받던 백성들은 미륵불이 나타나는 살기 좋은 이상사회를 희구하고 갈구했다.
　우리나라 역사 속에서도 미륵불의 하생을 기다리던 시대가 있었음을 찾아볼 수 있다. 그것은 물론 고통스러운 이 세상보다는 살기 좋은 미륵 부처님의 세상이 오기를 기다리는 데에서 비롯되었다.
　대립과 분열을 지양하여 나와 남이 둘이 아니며 인간과 자연이 하나로서 녹아드는 우주 본연의 참 모습을 바르게 보여주는 사상, 인간과 자연이 하나의 대 생명

체로서 존재하는 본질성을 회복하여 고통으로 허덕이는 중생계가 아닌 동체대비의 참 사랑의 바탕 위에 본래적인 모습의 너와 나로서 살아가는 세상이 바로 미륵신앙이 희구하는 이상사회인 것이다.

미륵 부처님의 형상은 대체로 토속적이고 순박한 모습으로 매우 여유롭고 풍족한데 풍요로운 이상적인 모습을 대변하는 일면인지도 모르겠다.

이러한 미륵신앙은 때로는 위정자들에 의해 이용되기도 하고 또 신흥종교에 악용되기도 했지만 어쨌든 안락한 이상사회의 대표적 모체였던 미륵불의 신앙은 대체로 천대받고 소외된 계층에서 수용되었던 것이 사실이다.

미륵경전의 대표적인 사상은 크게 두 가지로 나눌 수 있다. 하나는 《미륵상생경》에서 나타나는 미륵상생 신앙이고, 또 하나는 《미륵하생경》에서 나타나는 미륵하생 신앙이다.

상생신앙(上生信仰)은 미륵보살(彌勒菩薩)이 설법하고 계시는 도솔천에 올라가 태어나는 것을 원하는 것이고, 하생신앙(下生信仰)은 석가모니 부처님이 입멸한 후 56억 7천만 년이 지나면 미륵보살이 도솔천으로부터 인간세계에 하생하여 정각(正覺)을 성취하고 미륵 부처님이 되어 중생(衆生)을 구제한다는 것인데, 이때 다시 인간으로 태어나 미륵 부처님의 설법을 듣겠다고 서원(誓願)하는 것이다.

　기타 여기에 수록된 미륵관계 경전은 모두 위의 미륵상생경과 미륵하생경의 내용과 같으므로 하나하나 해설하는 것을 생략하기로 한다.

역자 無觀

역자소개

이종익(李鍾益)

1912년 출생. 1944년 일본 大正大學 졸업.
1968년부터 1977년까지 동국대학교 교수 역임.
1975년《한국불교의 연구》로 박사학위 취득.
1989년 한국불교대학장 역임. 1991년 입적.
《한국불교의 연구》《동방사상논총》《불교사상개론》
《의상대사》《사명대사》등 25종의 저서가 있다.

무관(無觀)

1945년 출생. 1959년에 출가하여
1972년에 해인사 승가대학을 졸업하였으며,
1985년에 동국대학교에서 석사학위를 취득하였다.
해인사 승가대학 강주와
제8대 조계종 중앙종회의원을 역임하였고,
현재 동국대와 효성카톨릭대에서 강의하고 있다.
저서로는《불교의 이해》가 있으며, 법화경강의(불교방송),
초발심자경문(법보신문), 경전해설(해인) 등을 연재했다.

불교경전 ㉑

미 륵 경 전

1996년 2월 15일 초판 1쇄 발행
2012년 10월 17일 초판 8쇄 발행

역 자― 이종익 · 무관
발행인― 윤 재 승
ⓒ발행처― 민 족 사

등록 제1-149호, 1980. 5. 9.
서울 종로구 수송동 58 두산위브파빌리온 1131호
전화 (02) 732-2403~4, 팩스 (02) 739-7565
홈페이지 // www.minjoksa.org
E-mail / minjoksa@chol.com

값 7,000원

ISBN 978-89-7009-180-8 04220

● 경전은 부처님의 말씀입니다.
　● 경전을 소중히 합시다.